사랑이
사랑일 수
있도록

조중걸 지음

사랑이 사랑일 수 있도록

1판 1쇄 펴냄 2021년 10월 25일

지 은 이 조중걸
펴 낸 이 정현순
편　　집 오승원
디 자 인 이용희

펴 낸 곳 ㈜북핀
등　　록 제2016-000041호(2016. 6. 3)
주　　소 서울시 광진구 천호대로 109길 59
전　　화 02-6401-5510 / 팩스 02-6969-9737

ISBN 979-11-91443-07-3 03100
값 14,000원

사랑에 관한
뜨거운 탐구로 전하는
차가운 위로

사랑이
사랑일 수
있도록

조중걸 지음

지혜정원

One word frees us of all the weight and pain of life

: That word is love.

- Sophocles -

단 하나의 말이 삶의 모든 무게와 고통에서 우리를 해방시킨다.

: 그 말은 사랑이다.

- 소포클레스 -

목차

　사랑에 대해 말할 때 우리는 무엇을 말하는 걸까? 레이먼 드 카버는 그의 〈사랑을 말할 때 우리가 이야기하는 것^{What we talk about when we talk about love}〉에서 우리는 많은 것을 사랑이라고 말하지만 사실 그것들은 집착, 광기, 자기 파괴 등에 지나지 않는다고 한다. 또한 그는 주인공 중 한 명의 입을 통해 "사랑에 대해 모르는 것을 말할 때 창피해야 한다."고도 말한다. 사랑에 대해 말할 때 우리는 자기가 모르는 것에 대해 말하고 있다.

　무엇인가에 대해 말할 때 우리는 혹시 모르는 것, 혹은 모를 수밖에 없는 것에 대해 말하고 있지는 않을까? 그렇다. 우리의 언어는 우리를 기만한다. 실체 없는 말들이 넘쳐난다. 사랑을 말할 때는 특히 더 그렇다. 우리의 사랑은 이기심, 욕구, 감상, 탐욕, 집착, 질투 등의 혼합물에 지나지 않는다. 언어 인플레이션이다. 모두가 마구잡이로 떠들어댄다. 자기가 무엇을 말하고 있는지도 모르는 채로.

정치체제, 신앙, 형이상학 등의 주제는 공적인 것이 아니다. 그것들은 개인적 신념의 문제이다. 실증적인 것들이 아니다. 서로 사이좋게 지내기 위해서는 이러한 주제를 꺼내는 것은 금기이다. 그러나 사랑이라는 주제에 대해서는 예외다. 남자들은 사랑을 섹스로 환원시키고, 여자들은 그것을 애정으로 환원시킨다. 떠들어댄다. 무용담이 펼쳐진다. 사랑의 전문가들이다.

나는 사랑이라는 주제 역시 공적 논의의 대상은 아니라고 본다. 왜냐하면 사랑은 실증적인 것이 아니기 때문이다. 섹스와 애정은 물론 실증적이다. 그러나 사랑은 섹스나 애정이 아니다. 또한, 서로 인과관계에 있지도 않다. 이 셋은 서로 독립적이다. 사랑에 대해 말할 때 우리는 먼저 사랑을 정의해야 한다. 그러나 이것은 불가능하다. 비실증적인 것은 정의되지 않기 때문이다. 정의될 수 없는 것에 대해서는 모두가 자기 편견만을 말할 뿐이다. 따라서 말해지는 사랑을 통해 말해질 수 없는 사랑에 대해 말하려 한다.

나는 사랑에 대해 말하기를 기피해왔다. 그것은 물론 내게 — 다른 사람에게도 마찬가지겠지만 — 중요한 주제였다. 그러나 다루기에 두려운 주제였다. 이 두려움은 난해함과 관련되어 있지는 않다. 그것은 심리적 문제이다. 환각을 벗겨내기 위해서는 나 자신의 환각을 먼저 벗겨내야 한다. 껍질이 벗겨지는 순간 속살은 외풍에 맞서야 한다. 이것은 용기를 필요로 한다. 그러나 세월은 나에게 자기 포기를 가르쳐주었고, 다행히 많은 것을 포기해왔다. 이제 사랑을 위해서는 사랑을 포기해야 한다.

이 에세이는 애정에 관한 것이 아니다. 애정은 연애에 대한 것이지 사랑에 대한 것은 아니다. 따라서 이 책은 달콤한 것에 대해서도 두근거림에 대해서도 말하지 않는다. 어쩌면 어떤 독자에게는 불유쾌한 독서 체험일 수도 있다. 솔직함과 적나라함은 이웃 관계이므로. 이 책은 읽기에 쉽지도 않다. 사랑에 관한 에세이지만, 철학적 분석을 담고 있다.

여기서 말하게 될 사랑에 대해 나 자신도 노력해야 한다는 사실을 먼저 고백하겠다. 나 역시 사랑을 실천하지 못한 채로 살아왔기 때문이다. 따라서 내가 이 책에서 이야기하는 사랑은 나의 사랑이 아니다. 엄밀히 말하면 내게 그러한 것이 가능한지조차 모르겠다. 단지 새롭게 노력하겠다는 결의 외에는 무엇도 나 자신의 사랑에 대해 말할 수 없다. 그러한 사랑을 향한 노력 외에는.

일반적으로 사랑으로 불리는 것들이 사실은 사랑이 아님을 먼저 밝히고, 다음으로 진정한 사랑이 어떻게 가능한지에 대해 말할 것이다. 그리고 사랑에 대한 절망과 가능성을 차례로 다룰 것이다. 우리의 현존은 비관적이며 동시에 희망적이다. 둘 다 우리 손에 있는 것이 다행이다.

조중걸

What is Love?

사랑은　무엇인가？

1

질문을
받다

Ask the Question

젊은 친구들이 어떤 것들에 대해 묻는다. 솔직히 말하자면 모든 물음에는 겁부터 난다. 그들이 어디에선가 답을 구할 수 있었다면 내게 묻지 않았을 것이다. 정보는 넘치도록 많다. 지나치게 많아서 우리는 정보의 홍수에서 익사할 지경이다. 인터넷의 발명은 진정한 혁명이다. 그중에서도 위키피디아는 정보의 보고이다. 거기에 대고 물으면 모를 것이 없다. 모든 항목이 다뤄지는 그곳에서 의문을 해결할 수 없다면 그것은 제기돼서는 안 될 질문이다. 그에 대한 답은 어디에서도 구할 수 없을 것이다. 난들 어쩔 도리가 없다. 나 자신도 위키피디아를 찾아볼 때가 많으니까. 거기에 답이 없거나, 있다고 해도 애매한 답밖에 없다면 이건 정말 어려운 문제이다. 아마도 성실한 젊은이들의 진지한 질문은 어디에서도 답을 구할 수 없을 것이다. 그렇다고 다른 데서 구할 수 없는 것을 내게서 구한다면 부당한 것이 아닌가?

질문에 답해주어야 하는 것을 직업으로 택한 사람이라도 답변을 못 하는 경우가 왕왕 있다. 이를테면 '교수'라는 직함은 당연히 삶과 우주 등에 대한 젊은이들의 의문에 답해주는 것으로 얻게 된다. 젊은이를 지성으로 이끈다는 명목의 직업. 이것은 물론 인문학이나 자연과학과 관련해서 그렇다. 공학이나 의학이나 법학 등은 실천적인 학문이니 직접적으로 어려운 질문들과 관련 맺지는 않는다. 또한, 이 분야의 교수들은 질문에 그렇게 신경을 곤두세우지 않아도 된다. 실증적인 것들이니까. 그것은 대부분 정보의 문제이다.

순수 학문 교수들은 수많은 시간을 답변에 대한 예비 학습으로 보냈고 또한, 수많은 시간을 들여 모범적인 질의와 답안으로 구성된 논문을 써서 그 직함을 얻은 사람들이다. 얼마나 많은 독서를 했는지 논문의 반을 주석으로 채울 정도다. 요새 들어 이 사람들이 설 자리가 없어지고 있다. 위키피디아가 모든 문제에 답을 해준다. 물론 많은 교수가 위키피디아식 답안을 마땅치 않아 하지만 그것은 그 지식이 하잘것없어서라기보다는 아마도 자기보다 탁월한 인터넷상의 지식에 대한 질투일 터이다.

만약 위키피디아에 답이 없다면? 혹은 답안이 매우 불충분하다면? 슬프게도 그러한 것들이 있다. 이 경우에는 누구에게서도 좋은 답변을 구하기는 어렵다. 이베이에 없는 물건이면 어디에도 없다. 있지만 구하기 어려운 예외가 있다면 매우 귀족적인 물건일 터이다. 예를 들면, 세잔이나 고흐의 그림, 또는 몇십 캐럿짜리의 다이아몬드와 같은. 마찬가지로 위키피디아에 답이 없다면 그 질문은 답하기 매우 까다로운 것이다.

"사랑이 무엇인가요?"

한 젊은이가 물었을 때 나는 잠시 얼이 나갔다. 몰라서 얼이 나가지 않았다. 아니, 물론 몰랐다. 그러나 내 얼은 단지 몰랐기 때문에 나간 것은 아니다. 한 번도 본격적으로 생각해본 적이 없던 주제이기에 얼이 나갔다. 이 질문은 '지구에서 달까지의 거리를 계산하는 방법' 등과 같은 것이 아니다. 그 방법을 난 모른다. 그러나 그것은 단순히 내 무지이다. 공부하면 알아낼 수 있다. '사랑'은 그렇지 않다. 이것의 정체는 단순한 학습으로 밝혀지지 않는다.

그런데 나는 왜 이 주제를 회피해왔을까? 대부분의 형이상학적 주제들 역시 학습으로 답변을 얻을 수 없는 질문을 내포하고 있다. 그래도 나는 어쨌건 그것들을 탐구해왔다. 그러나 사랑에 대해서는 아니었다. 오히려 의식적으로 피해왔다. 왜일까? 내 무의식은 알고 있었다. 그 주제에 대한 탐구는 매우 힘든 일이 될 것이라는 사실을. 또한, 삶의 마지막 끈을 어떻게든 붙잡고 있으려는 부질없는 나의 졸렬함과 힘든 이별을 해야 할 것이라는 사실을. 사랑에 대해 탐구를 하다 보면 아마도 사랑과 결별해야 할 것이라는 사실을. 인간이면서 그

입으로 인간을 넘어서라는 내적 명령을 나 자신에게 하게 될 것임을.

이 모든 것이 탐구 대상으로서의 사랑에 대한 사유를 회피하게 만든 것 같다. 사랑은 세계에 만연하다. 이 만연한 것의 탐구를 피할 수는 없다. 또한, 그것이 우리에게 갖는 비중을 고려하면 더욱 그렇다. 그것은 우리의 삶에서 아마도 가장 큰 비중을 차지할 터이다. 그렇지만 나는 하나의 사실을 알고 있다. 사랑은 세계에 만연하지 않음을. 만연하고 있는 것은 단지 '시장의 우상'임을.

내 전공은 논리학과 관련 있다. 어찌하다 보니 '논리 철학'이라는 이상한 것을 하나 공부하게 되었다. 남들이 안 하기에 내가 하면 독점적인 이익을 누릴 수 있을 거라고 낙관적으로 생각했던 것 같다. 그러나 낙관 자체는 낙관적인 삶과는 관련 없다. 공부하느라고 고생하지 않았다는 말은 못 하겠다. 사실 고생 좀 했다. 교과서적인 논리학 자체는 어렵지 않다. 그것은 이를테면 상당한 정도로 기술적인 것이다. 그러나 19세기 말과 20세기 초에 유행하게 된 분석철학의 논리학(logics라고 하지 않고 단지 logic이라고 하는)은 꽤 어려웠다. "꽤 어려웠다."고 말하지만 사실 아주 어려웠다. 이 부분은 내 인생에서 악몽이었다. 그러나 동시에 환희이기도 한 이상한 악몽이었다. 내 역량의 극단적인 최대치를 끌어내야 조금씩 이해되는. 프레게도 어려웠지만, 특히 비트겐슈타인의 〈논리 철학 논고〉는 여간 어려운 것이 아니었다. 그야 대충하자면 못 할 것은 없다. 그러나 문제는 내게 있었다. 단 한 명제라도 이해가 안 되면 일단 붙들고 늘어진다. 몇 날 며칠이고. 동기들과 교수들은 내가 "유약하게 까다롭다weakly picky."고 말한다. 사실 나는 유약하지 않다. 단지 왜소해서 그렇게 보인 것 같다. 그런데 까다로운 것은 맞다. 도대체 어설픈 것을 용납하지 않는다.

교수들이 얼마나 엉터리인지는 비트겐슈타인을 통해 알았다. 자문할 곳이 없었다. 이 교수 저 교수를 찾아다니며 물어대면 일단 피하고 본다. 그러고는 뜬구름 잡는 소리를 한다. 선문답도 그런 선문답이 없다. 이 사람들이 비트겐슈타인을 전공했단다. 그래도 조금 나은 교수들이 있긴 하다. 자신의 무능을 솔직히 고백하는. 내가 그나마 〈논리 철학 논고〉를 공부해나갈 용기는 이 사람들에게서 얻었다. "제길, 혼자 가는 수밖에 없겠네."가 나의 결론이었다. 어쨌든 해낸 것 같다. 어려웠지만 조금씩 이해될 때의 환희는 형언할 수 없었다. 문제는 그다음에 또 발생했다. 도대체 배우겠다는 학생이 없었다. 물론 의욕적으로 시작한다. 그러나 보통 세 번째 강의 후에는 학생들이 사라졌고 강의는 곧 폐강되었다. 강의실에서 나 혼자 떠들 수는 없지 않은가. 무슨 말을 하겠는가? 답변이 준비되어 있어도 묻는 사람이 없다면. 나는 책을 쓰는 것으로 분풀이를 해왔다. 독자가 없다고 해도 쓰기는 썼으니 그럭저럭 분풀이는 했다. 그래도 좀 더 쓸 것 같다.

2

질문에
답하다

Answer the Question

사 랑 은
말 해 질 수 없 다

Love Cannot be Said

　자, 너스레는 이만 떨고 본론으로 들어가겠다. 앞에서 겁
나는 질문이 꽤 있다고 말했다. "사랑이 무엇인가요?"라는 무
시무시한 질문을 하는 사람이 있다고 말했다. 이에 대한 나의
첫 번째 심적 태도는 '기가 막힌 사람이다. 이 무슨 말 같지 않
은 질문인가?'이다. 물론 앞에서 말한 바와 같이 나는 이 주제
에 대한 탐구를 꺼린다. 그럼에도 질문하는 학생에게 일단 대
답은 해줘야 한다.

　"그 얘기는 해봐야 소용없네."

어떻게 이런 식의 대응이 가능한가? 이 대응이 내 멋대로의 대답은 아니기 때문이다. 내가 당당하게 '사랑'이라는 주제는 다뤄질 수 없다고 말한 것에는 형이상학적 배경이 있다. 앞에서 말한 논리를 바탕으로 한. 이제 이것을 살펴야 한다. 대답은 제멋대로이다. 그러나 철학은 제멋대로가 아니다.

현대 철학은 분석철학이다. 그것은 전통적으로 '통합'되어 있던 세계를 '분석'하여 세 토막으로 나눠버렸다. 이것이 비트겐슈타인의 유명한 분석이다. 먼저 그 세 개의 세계를 살펴보자.

1. 말해질 수 있는 것^{what can be said}

이 세계는 과학이 자기를 기술^{description}하는 대상으로 삼는 세계이다. 이 세계는 우리 감각 인식에 비춰지는 세계이고 따라서 실증적인 사물의 세계이다. 그림을 예로 들어보자. 그림에는 주제들이 있다. 수족관을 그린다고 하자. 거기엔 다양한 어류들이 있다. 이때, 이 어류들이 주제이다. 세계를 그린다고 하자. 거기의 사물들이 그 그림의 주제이다. 우리는 이 주제들 밖에서 그것들을 본다. 그리고 이 주제의 표현이 곧 말해질 수 있는 세계를 표현하고 있는 것이다.

2. 보여져야 하는 것 what must be shown

이 영역은 이해하기에 약간 까다로운 영역이다. 말해질 수 있는 것들은 물론 말해질 수 있다. 그러나 마구 말해져서는 안 된다. 예를 들어보자. "주황색은 세 살이다." 이 무슨 말도 안 되는 이야기인가? 색깔이 어떻게 나이를 먹는가? 젊은 주황색이 있고 늙은 주황색이 있단 말인가? 물론 어떤 망상에 빠진 예술가는 나이 먹는 색에 대해서도 말할 수 있겠다. 예술가들이 무슨 말인들 못 하겠는가?

물론 그렇다. 그러나 우리는 예술에 대해 이야기하고 있지 않다. 우리는 지금 철학에 대해 말하고 있다. 현대 철학은 과학적 주제의 정렬에 관한 것이다. 제정신인 사람치고 '세 살 먹은 주황색'을 과학적 대상으로 보는 사람은 없다. 그런 사람은 스스로를 예술가라고 말해야 한다. 그렇지 않다면 제 발로 정신병원에 들어가는 것이 서로 편한 길이다. 따라서 '세 살 먹은 주황색'은 우리 이성^{reason}의 대상은 아니다. 그것은 논리 철학자의 용어로는 말도 안 되는^{nonsensical} 명제이다.

다른 예를 들어보자. 귀여운 동물인 하마를 예로 들자. 누군가가 "하마가 수영하고 있다."라고 말했다고 하자. 그런데 막상 보니 그 하마는 풀을 뜯고 있었다. 이 경우 전자의 명제는 명제의 자격을 갖추고 있다. 단지 거짓 명제일 뿐이다. 따라서 명제의 자격은 그 명제의 참과 거짓에서 독립한다. 명제의 자격은 명제의 형식에만 관련한다.

여기서 nonsensical의 의미를 파악하는 것이 중요하다. 현대 철학은 결국 sensical 한 것과 nonsensical 한 것 사이의 문제이다. 주황색, 세 살, 먹음 등의 용어^{term}들은 존재한다. 그것들은 따라서 과학적 주제이다. 앞서 말한 주황색과 관련한 명제가 nonsensical 한 이유는 이것들이 잘못 결합해 있기 때문이다. 결합은 어떤 법칙을 따라야 한다. 이때 이 법칙을 우리는 '논리 형식$^{logical form}$'이라고 한다. 모든 언어는, 즉 명제는 이 형식을 지켰을 때에만 유의미^{sensical}하다. 하지만 우리는 이 형식을 규정하거나 심지어는 설명할 수도 없다. 그것은 거기에 있을 뿐이다. 우리는 단지 우리 언어를 형식에 맞춰 구사함에 따라 그 형식이 있음을 알 뿐이다. 이 논리 형식이 곧 '보여져야 하는 것'이다. 이 형식은 이 형식에 맞는 언어를 사용함에 의해 보여질 뿐이기 때문이다.

우리가 무엇인가를 기술하기 위해서는 그 무엇의 바깥에 있어야 한다. 그러나 우리는 우리의 묘사 양식, 즉 논리 형식 바깥에 있을 수는 없다. 인간과 논리 형식은 하나이다.

3. 침묵 속에서 지나쳐야 하는 것^{what should be passed in silence}

세 번째 세계는 침묵하는 세계^{silent world}이다. 요리를 예로 들어보자. 여기에 요리의 재료들이 있다. 재료들은 '말해질 수 있는 것'들이다. 그러나 요리 재료를 멋대로 섞어 놓는다고 해서 요리가 되는 것은 아니다. 각각의 요리 재료들은 어떠한 일련의 요리 방식에 따라 결합되어야 한다. 이때, 이 결합 양식이 이를테면 앞서 말한 논리 형식이다. 누군가가 묻는다. "왜 그렇게 결합되어야 하는 거죠?" 요리사는 차분히 대답한다.

"맛있으면 그만이니 조용히 드시지요." 요리 형식은 요리를 내놓음에 따라 '보여졌다'. 여기까지는 문제없다. 그러나 우스운 말들이 난무한다. 겉멋 들인 언사들.

자, 여기에서 요리사에게 '희망'이나 '꿈'이나 '신'을 들이댄다고 하자. 그것으로 요리사에게 요리를 해달라고. "아아, 참으로 아름답고 운치 있는 요리입니다. 저의 꿈과 저의 신을 요리에 섞어주세요."라고 말했다고 하자. 요리사는 말할 것이다. 그것은 요리의 재료가 아니므로 자신의 요리와는 관련 없는 것이라고. 자기는 사실 그러한 것들이 존재하는 것인지 아닌지 모르겠다고. 이것들이 바로 '침묵 속에서 지나쳐야 하는 것'들이다. 이것들은 우리 감각 인식의 대상이 아니다. 따라서 실증적이지 않다. 물론 이런 뜬구름 같은 언어를 남발하는 겉멋 들거나 감상적인 사람들이 있다. 언어의 인플레이션이며 소비되는 낭만주의이다. 이런 식의 용어에는 쓴웃음으로 대처할 수밖에 없다. 지적 허영보다 더 견디기 힘든 것이 우아하고 섬세한 감상적 허영이다.

3

사랑이
말해지는 이유

Why Do We Say Love?

허 영

Vanity

우리의 주제인 '사랑'은 세 번째 세계, 즉 침묵의 세계와 관련한다. 그런데 침묵 속에서 지나쳐야 할 것들이 말해지는 이유는 무엇 때문일까? 왜 그러한 것들이 마치 실재하는 것인 양 말해지게 되는 것일까? 여기에는 인간의 혐오스러운 두 개의 악덕이 있다. 하나는 지성적 존재로서의 스스로에 대한 차별적 우월감이고, 다른 하나는 위선과 허영이다.

우리가 혹시 인간이라는 동물의 본연적인 가치나 품격에 대해 말한다면 그건 커다란 오만 속에 살고 있는 것이다. 인간은 본래적으로 가치 있거나 품위 있지 않다. 물론 가치 있고 품위 있을 수 있다. 내가 말하는 것은 '본래적으로' 혹은 '태생적으로' 그렇지는 않다는 것이다. 이것은 인간에게만 해당하는 것이 아니다. 어느 동물이나 식물도 본래적으로 가치와 품위를 가지지는 않는다. 분석적으로 말하자면 '가치' 혹은 '품위' 등의 언어 역시도 침묵 속에서 지나쳐야 할 것들이다.

어느 동물도 자신의 종족의 우월함을 내세워 다른 한 종족을 말살하려는 시도를 하지는 않는다. 인간은 매우 야비하고 잔인할 수 있는 동물이다. 이 잠재력에 관한 한 지구에서 독보적이다. 따라서 인도주의^{人道主義}는 어리석은 헛소리이다. 만약 인도주의를 인간됨으로 설명하고자 한다면 거기에는 잔인, 오만, 허영 등의 악덕들을 더해 넣어야 한다. 그렇지 않고 헌신, 자기희생, 동포애 등을 뜻하는 어떤 용어를 만들고 싶다면 부디 인간됨을 의미하는 인도주의라는 용어는 제외해야 한다.

이 용어는 그 자체로 인간이 얼마나 큰 오만과 어리석음에 잠겨있는지를 보여준다. 헌신과 선한 마음이라는 견지에서는 인도주의나 견도주의^{犬道主義} ― 굳이 용어를 하나 만든다면

— 나 크게 다르지 않다. 인간이나 개나 타고난 미덕과 악덕에 차이는 없으므로. 엄밀히 말하면 인간과 개가 차별된다면 우열에 의해서는 아니다. 단지 종의 차이일 뿐이다.

그렇다면 인간과 다른 동물과의 차이는 무엇인가? 그러한 것이 있기는 한가? 있다. 비극적이면서도 희극적이게도 차이가 있다. 물론 그 또한 종적 특성에 따르는 것이지만.

인간에게는 '가능성possibility'이라는 것이 있다. 지혜와 수련으로 자신을 개선할 타고난 가능성이 있다. 물론 이 가능성은 반대로도 작동할 수 있다. 타고난 성품이 부정적인 방향으로 흘러갈 수도 있다. 인간의 차별적 요소는 이러한 불안정함에 있다.

허영과 오만은 이상하게도 타고난다. 어린아이들을 잘 살펴보면 허영과 오만의 정도가 저마다 다른 것을 쉽게 알 수 있다. 그러나 허영과 오만이 더 가득한 사람들이 더 큰 가능성을 갖는다는 것 또한 사실이다. 자신의 욕구를 충족시키기 위한 노력이 지혜와 수련의 방향으로 이어진다면, 결국 자신의 허영과 오만은 오히려 진실과 겸허에 이르게 된다. 강렬함이 긍정적인 방향으로 향할 때 성취가 있다. 강렬함은 가능성과 관련하여 큰 의미를 갖는다. "뜨겁지도 차갑지도 아니하니 내 입에서 너를 토하여 버리리라."(성경)

물론 이 강렬함이 지혜를 향하지 않을 수도 있다. 이런 사람들이 우리의 삶과 사회를 지옥으로 만든다. 허영과 오만은 사회적 성취와 물질적 탐욕으로 충족되기 때문이다. 이런 사람들에게 삶은 오로지 다른 사람들과의 승부이다. 직위와 금권에서 다른 사람들을 이겨야 한다. 그리고 그 성취를 다른 사람 앞에서 한껏 과시해야 한다.

왜 자신과 승부를 걸지 않는 것일까? 모든 결의와 성취는 스스로에게 수렴된다. 돈을 버는 것보다 중요한 것은 돈을 벌 자격인 것처럼, 허영과 오만보다 중요한 것은 그것에 대한 자격이다. 그것에 대한 자격을 갖출 때 허영과 오만은 진실과 겸허로 바뀌게 된다. 이처럼 동물과 인간은 가능성이라는 점에서 차이를 가진다. 이것이 물론 인간의 우월성을 의미하지는 않는다. 인간 고유의 가능성은 좋은 쪽으로도, 나쁜 쪽으로도 진행되어 나갈 수 있기 때문이다.

허영은 방향을 이상한 곳으로 틀기도 한다. 가장 큰 비극은 이때 일어난다. 말해질 수 없는 것을 굳이 말하고자 하는 사람들은 삶 전체를 허영 속에 묻고 산다. 이 사람들은 본 적도 없고 알지도 못하는 사실을 근엄하게 말하며 지적 허영을 충족시킨다. "나의 지성은 너희에겐 어둠인 곳에 광채를 비추었다. 부디 나의 탁월함을 인정하라. 그 영역에서 너희는 나와 경쟁할 수 없다. 나는 깊이 있는 지성을 가졌으므로. 모두가 장님일 때 나만은 시각을 가졌으므로."

사람들이 침묵 속에서 지나쳐야 하는 것들을 말하는 까닭에는 또 다른 이유가 있다. 앞의 것들을 물리적 허영, 지적 허영이라고 한다면 이것은 심리적 허영이다. 어떤 여린 감상에 취한 사람들은 사랑이나 신앙이나 지성 등에 대해 말하면 자신이 매우 지고지순하고 가치 있는 사람이 된다고 믿는다. 나는 종종 이런 사람과 부딪친다. 정말이지 할 말이 없을 뿐만 아니라 같이 있는 시간이 지독히도 길게 느껴진다. 두 시간쯤

성의를 보였다고 느끼고 시간을 보면 겨우 삼십 분쯤 흘렀다. 왜 이렇게 지겨울까? 허영과 대면해 있기 때문이다. 감상적 허영이랄까? 이런 사람들은 너무도 순수하고 가여워서 그들에게 뭐라고 조언도 못한다. 그(혹은 그녀)가 구성하고 있는 연약하고 아름다운 세계에 금이 가게 하고 싶지 않다. 성장하지 않은 문학 소년과 문학소녀에게 무어라고 말하겠는가?

낭만주의가 많은 사람을 망쳤다. 감성은 지성에 대해 우월성을 주장한다. 고귀함은 지성으로는 포착할 수 없는 인간 심연의 무엇인가가 지배권을 가질 때 나타난다. 인간 심연에 무엇이 있겠는가? 그것이야말로 말해질 수 없는 세계이다. 우리가 거기에서 발견하는 것은 전혀 문명화되지 않은 원초적 야만성뿐이다. 물론 문명보다 야만이 더욱 고귀한 것이라고 주장한다면 할 말 없지만. 엄밀히 말하자면 둘의 내재적 우열을 가릴 수는 없다. 바퀴벌레와 인간의 우열을 가릴 수 없다. 둘은 그냥 서로 다른 동물일 뿐이다. 마찬가지로 문명과 야만의 우열을 가릴 수도 없다.

따라서 지성적 우월이 인간의 우월을 의미하지는 않는다.

사실은 우리는 지성이라고 불리는 것이 정확히 무엇을 의미하는지 모른다. 공학이나 의학 등에서의 상당한 지식과 종합적 사고 능력이 지성인가? 아니면 논리에 대한 이해와 심미적 상상력이 지성인가? 아마도 우리가 플라톤 이래 지성이라고 정의한 것은 대상과 그 대상들의 세계에 대한 추상화 능력일 것이다. 만약 이것이 지성이라면 확실히 지성이 인간의 우월을 뜻하지는 않는다. 지성이 잘못되어서가 아니라 그러한 것의 존재를 보증할 수 없기 때문이다. 현대 철학은 그러한 추상화된 것들은 실재reality에 대응하지 못한다고 말한다. 나는 인간이 지성적인 존재가 아니라고 말하고 있지 않다. 단지 지성은 거기에 대응하는 대상을 갖지 않는다고 말할 뿐이다. (플라톤적 의미에서의) 지성은 환각이다. 거기에 그러한 것은 없다. 앞으로 자세히 말하겠지만, 지성은 단지 우리 인식에 낀 때이다. 인간은 그것에 의해 위대하지 않다. 그것을 벗겨 냄에 의해 인간다워질 뿐이다.

아마도 앞에서 말한 '순수함'에 젖은 사람들은 지성의 이러한 폐허 위에 자신들이 순수한 세계를 건설하고 있다고 생각할 것이다. 소위 그 '고귀한 야만인'(루소)을 말하며. 그러고 보면 루소가 많은 사람을 망쳤다. 결국, 이러한 감성우월주의가 나치즘에 동력을 제공하기도 했다. 모든 민족주의는 이러한 감성적 우월을 바탕으로 한다. 민족주의는 합리적으로 설명될 수 없기 때문이다. 국민은 법률의 테두리에 따르지만, 민족은 억지와 근거 없는 우월감 이외에 다른 테두리를 가지지 않는다.

아마도 감성적인 사람들이 내 비위에 안 맞는 이유는 위에 말하고 있는 것들에 근거하는 듯하다. 지적 우월이든 감성적 우월이든 간에 다들 나름의 우월감을 좋아하지 않는가. 그러나 거듭 말하지만 본래적인 우월이나 열등은 없다. 우월을 향한 노력은 있겠다.

기 만

Deceit

비트겐슈타인은 다음과 같이 말한다.

"언어는 사유를 위장한다^{Language disguises thought}."

우리의 어떤 심적 태도 혹은 어떤 행위는 사랑을 위장한
다. 인간은 기만을 만들기도 하고 기만당하기도 한다. 인간
은 본연의 것들을 쉽게 저버린다. 물론 무엇이 인간 본연인가
를 결정하는 것은 매우 어렵다. 그러나 이것이 불가능하지는
않다.

예를 들어보자. 만약 어떤 원숭이가 나무에는 전혀 오르
지 않으면서 계속 비행을 시도한다고 하자. 이때 우리는 그

원숭이를 보고 자기의 본능 혹은 분수를 모른다고 말할 것이다. 나무를 타는 것이 원숭이 본연의 본능이다. 마찬가지로 마땅히 인간의 본능이 있다. 물론 우리는 이 본능에 대해 설명할 수 없다. 단지 인간 고유의 본능에 맞는 언어, 즉 논리 형식logical form을 지키는 언어를 사용함으로 그것을 보여줄 뿐이다. 단지 이것뿐이다. 여기에서 다른 중요한 문제가 대두된다. 그 논리 형식은 반드시 실증적 내용으로 채워져야 한다는 것이다. 우리 형식은 단지 현재 사태의 존립과 비존립에 대해서만 유효성이 있을 뿐이다.

때때로 형식이 내용을 기만한다. 어떤 언어는 논리 형식을 준수하면서 인간 본연의 것으로 위장한다. 문제는 그 형식을 채우는 내용에 있다. 그 내용이 비실증적인 경우이다. 이것이 기만deceit이다. 논리 형식을 준수하지 않으면 미친 사람이고 그 형식을 비실증적인 것으로 채우면 기만자이다. 아무리 논리 형식을 준수했다 해도 그 내용이 신이나 미나 사랑 등에 관한 것이면 그것은 기만이다.

일반적으로 기만은 세 가지 방향으로 진행된다. 첫 번째 기만은 실체를 지니지 않은 것이 실체를 가진 것인 양하는 것이다. 신, 윤리, 도덕, 미, 사랑 등에 대한 언명이 여기에 해당한다. 두 번째 기만은 오만이다. 이것은 동물의 보호색과 같은 일종의 얄은 속임수이거나 어리석음이다. 세 번째는 자기기만이다. 이것은 자신의 이기심을 이타적인 마음으로 오인하는 것이다. 십자군들은 탐욕을 신앙으로 위장했고 제국주의자들은 개화나 신앙 등을 빌미로 원주민들을 학살했다. 이들은 탐욕을 선으로 기만했다. 이러한 기만의 가장 비극적인 양상은 먼저 스스로를 기만한다는 것이다. 동기에 있어 선인 것은 결과에서도 선인가? 이것이 악이 아니라면 단지 어리석음인가? 실증적으로는 동기보다 결과가 중요하다. 동기가 어떻다 해도 결과가 악이면 악이다. 동기는 마음의 문제인바, 마음은 실증적이지 않다. 그것은 역시 말해질 수 없는 것이다.

개인적 경험 하나. "책은 사서 보는 거라고 하네요. 마음만 받겠습니다." 나는 무엇인가 잘못된 느낌을 받았다. 마음을 받겠다니. 나는 책을 주겠다고 했지, 마음을 준다고 한 적이 없다. 도대체 그러한 것이 있는지조차 모르겠는데 그것을 어떻게 주는가? 단지 "사서 보겠습니다."라고 했다면 충분하지 않은가? 이것이 '우리 언어의 괴상망측함'이다. 본 적조차 없는 것을 주고받는 것이 당연한 것이라니. 인간의 허식이 우리 언어를 망친다. 허식은 오만한 겸허이다.

우리는 너무 많은 말을 하고 산다. 쓸데없는 말이 너무 많다. 나는 개인적으로 추상적인 관념이나 감상적인 마음 등등에 대해 시끄러운 사람과 같이 있는 것이 퍽이나 두렵다. 그 시간은 일각이 여삼추이다. 실증적인 사실만을 말해야 한다. 그 이외의 것에 대해서는 침묵해야 한다.

사 랑 의
정 의

Definition of Love

나는 먼저 '정의가 불가능한 것'이 사랑에 대한 일차적 정의라고 말하겠다. 거기에 사랑이라고 말해지는 것은 있다. 말해지는 정도가 아니다. 범람하고 있다. 그러나 범람은 무엇을 말하기보다는 무엇을 덮고 있다. 나일 강의 범람이 농지를 덮듯이. 그러나 나일 강은 곧 제자리로 돌아가고 본래의 토지를 드러낸다. 우리 언어의 범람도 이와 같다. 무엇인가를 덮고 있다. 고집스럽게. 무지와 기만에 힘입어.

모든 사람이 사랑에 대해 말한다. 나 역시 수없이 여러 번 사랑을 말하고 — 남발하고 — 살아왔다. 오늘 아침에 집을 나서면서 키우는 강아지에게도 "사랑한다."고 말했다. 우리는 사랑과 관련된 듯한 많은 것들에 대해 말할 수 있다. 헌신, 자기희생, 친근감, 그리움, 애정, 질투, 실망, 분노 등등. 그러나 이러한 것들은 사랑의 결과나 요소이거나 사실은 사랑과는 전혀 관련 없는 것들이지 사랑 자체는 아니다. 이것들을 다 합쳐도 사랑이 되지는 않는다. 우리는 느낌으로 이미 안다. 사랑은 이것들을 넘어서는 특별한 것을 의미한다고.

우리는 많은 것들이 정의되지 않듯이 사랑 역시도 정의할 수 없는 것이라고 말할 수 있다. 로미오를 향한 줄리엣의 염원은 사랑인가? 연인들을 향한 돈 조반니의 마음은 사랑인가? 자식에 대한 부모의 마음은 사랑인가? 예수와 부처가 인간과 세계에 대해 "사랑하라."고 말할 때 그것은 사랑인가? 혹시 여러 종류의 사랑이 있는가? 아니면 이 중에 어떤 것도 사랑이 아니지는 않은가?

우리가 정의할 수 없는 것이 사랑만은 아니라는 사실을 먼저 위안으로 삼아야 한다. '아름다움'(美)과 같은 것도 정의할 수 없다. 무엇이 아름다움인가? 이것은 시대와 공간을 달리하는 것에서는 물론이고, 동시대를 살아가는 사람들 사이에서도 서로 다르다. 내게는 아름답게 보이는 것이 그에게는 추악할 수 있고 또 그 반대일 수도 있다. 이것 이상이다. 거기에 아름다움이 그 자체로 무엇으로 정의될 수 있느냐고 묻는다면 대답할 길이 없다.

정의가 불가능한 것들이 곧 '침묵 속에서 지나쳐야 하는 것'들이다. 신앙, 이데아, 윤리학, 존재의 본질, 사랑, 아름다움 등이 모두 여기에 속한다. 그렇다면 우리는 여기에 대해 정말 침묵해야 할까?

향 락 에
대 하 여

On Hedonism

무엇인가에 대해 침묵하는 것과 그것의 비존재를 가정하는 것은 같은 것이 아니다. 우리는 신에 대해 침묵해야 한다. 그러나 그것은 신이 비존재하기 때문이 아니다. 우리는 단지 그것의 존재와 비존재에 대해 침묵해야 한다. 모르기 때문이다. 그것은 우리의 인식적 세계에서 잘려 나간다. 그러나 신앙이나 사랑이 우리의 관심 밖에 있을 수는 없다. 우리는 우리 존재의 원인과 목적에 대해 무심할 수 없고 어떤 종류의 무엇인가와 혹은 누군가와 하나가 되려는 염원에 대해 무심할 수 없다.

우리 영혼은 물론 침묵 속에서 지나쳐야 할 것이다. 영혼이 있다고 말할 근거는 없다. 우리 자신이 곧 영혼인가? 어떤 사람은 영혼은 대뇌에 자리 잡고 있다고 말할 것이고, 어떤 사람 — 베르그송과 같은 철학자 — 은 그것은 대뇌 이전에 존재하는 의식이라고 얘기할 것이다. 데이비드 흄이나 프레게, 비트겐슈타인 등은 자아로서의 영혼의 존재를 보증할 근거는 없다고 할 것이다. 단지 개인적인 경험의 축적과 그 결과인 기억은 거기에 있지만, 이 모든 것의 핵을 구성하는 불가분한 존재인 영혼과 같은 것은 실증적인 것이 아니라고 말할 것이다.

우리의 처지는 한편으로 축복받고 한편으로 저주받았다. 원한다면 신앙이나 윤리가 명령해온 교의에서 벗어날 수 있다. 또한, 교양으로서의 인문학에 대한 강박감에서도 벗어날 수 있다. 신이나 윤리나 지성 등이 더 이상 자신의 존재를 주장할 근거를 잃었기 때문이다. 도덕률도 구속력을 잃었다. 양심이라는 것도 더 이상 그 실체를 주장할 근거가 없다. 윤리적이고 사회적인 행위를 강제로 제한할 근거로는 사회적 법률이 유일하다. 따라서 법을 어기지 않는 한 자신 스스로가 군주이다. 무엇이든 할 수 있다. 끝없는 향락에의 추구는 이렇게 정당성을 보장받는다. "그것이 왜 안 되는가?"

　이러한 향락주의는 축복인가 혹은 저주인가? 결론을 먼저 말하자면 그 자체로서는 축복인 것도 저주인 것도 아니다. 향락에 끝없이 매몰되고 향락의 순간 속에서 시간을 소멸시킨다면 타락은 축복이다. 시간이 소멸하면 스스로도 소멸한다. 좋은 일이다. 자신을 잊고 산다면 얼마나 좋은 일인가. 그것은 죽음조차도 극복한다. 순간 속에서 사는 사람에게 시간의 흐름은 정지하기 때문이다. 그러나 여기에는 까다로운 문제가 남는다.

　향락이란 무엇인가? 그것은 정의될 수 있는 것인가? 향락은 단지 물질적이고 육체적인 것인가? 만약 그렇다면 우리는 욕망과 권태 사이에서 진자 운동을 한다. 이러한 향락은 물리적 자극의 끝없이 강화되는 욕망과 충족 사이에 놓인다. 그 끝은 알코올이나 약물 중독이다. 다른 종류의 향락이 있는가? 에피쿠로스가 말하는 향락은 어떠한 종류의 것인가? 혹시 그것은 정신적인 어떤 것인가?

무엇이 향락이 되는가는 취향의 문제이다. 보편이 사라진 세계에서는 모든 것이 군주의 취향에 따른다. 취향은 도덕을 이긴다. 도덕의 존재 자체가 의문이므로. 누군가는 육체적이고 물질적인 것에의 취향을 가질 수도 있고 누구는 교양이나 인품의 단련과 관련한 취향을 가질 수도 있다. 물질적 향락에의 추구가 육체적인 것이라면 앎에의 추구는 정신적인 것이다. 여기에서 가치 판단은 배제되어야 한다. 어느 것이 더 권장될 이유도 없고 권장될 수도 없다. 에피쿠로스의 향락주의나 벤담의 공리주의는 쾌락의 달성이 삶의 궁극적인 목적이라고 말하는바, 이것이 여기에서 말하는 향락이다.

진정한 향락은 물리적 피폐함이나 실천적 삶에의 무능함을 불러들여서는 안 된다. 순간에 지나지 않는 향락주의는 더 이상 향락적인 것이 되기를 그치기 때문이다. 육체적인 것이든 정신적인 것이든 사랑이 어떤 종류의 향락이라면 이번에는 향락을 정의해야 한다. 그러나 이처럼 비실증적인 향락을 정의하는 것은 불가능하다.

침 묵 에
대 하 여

On Silence

"사랑이 무엇인가?"라는 질문에 대해 우리는 침묵할 수밖에 없다. 묻지 말아야 할 질문을 제기하였다. 답이 있을 수 없는 질문을 제기하였다면 그것은 질문의 오류이다. 누군가가 "컴퍼스와 자만으로 각을 삼등분하는 방법은 무엇인가?"라는 질문을 기하학자에게 했다고 하자. 혹은 "오차 방정식의 일반해는 무엇인가?"라는 질문을 대수학자에게 했다고 하자. 이러한 질문에는 답을 할 수 없다. 그것은 답변이 불가능하기 때문이 아니다. 어떤 종류의 답변을 하기에 앞서 우리는 그 답이 존재하는지를 모르기 때문이다. 우리는 "답이 없다."라고 말할 수도 없다. 왜냐하면, 존재하는 답을 우리가 포착하지 못했을 수도 있기 때문이다. 누군가는 불가능함이 증명되었다고 말할 것이다. 그러나 여기에서의 불가능함은 답변에 대한 불가능이지 그 존재에 대해서는 아니다.

우리는 우리가 '사랑'이라고 말할 때 어떤 실증적 실체를 가리키지 않고 있다는 사실을 안다. 물론 우리는 마음속 어딘가에 사랑의 마음이 자리 잡고 있다는 느낌을 대부분 가진다. 그러나 그것이 사랑이라고 말할 근거는 없다. 우리는 많은 경우에, 사실은 실체를 확정할 수 없음에도 그것이 어떤 실체인 양 말하는 관습에 물들어 있다. 아주 간단한 예를 들어보자.

"x is a dog."라는 언명이 있다고 하자. 이때 '개'라는 대상은 무엇인가? 개별적인 개 이전에 개 일반$^{dog\ in\ general}$이라는 것이 개별적인 개와 상관없이 존재하는가? 혹은 개별적인 개들 속에 개의 속성이 공유되는가? 그러나 유감스럽게도 그렇게 단정 지을 정당성은 확보되어 있지 않다. 우리가 '개'라고 말할 때 그것은 사실 a_1, a_2, a_3 등의 개별적인 개들에 대한 경험적 유사성을 일컬을 뿐이다. 우리 언어는 우리를 기만한다.

"그것은 개다."라고 말할 때 마치 개의 일반이 있는 것처럼 우리를 오도한다. 이것이 프레게가 말하는 '우리 언어의 괴상망측함an awkwardness of our language'이다.

'사랑'은 이것 이상이다. '개'라는 개념의 경우에는 최소한 개별적 개들의 실증성이나마 가지고 있지만 '사랑'의 경우에는 전적으로 추상적이기 때문이다. 사랑이 무엇인가에 대해 결국 우리는 말할 수 없다. 〈피가로의 결혼〉에서 케루비노의 사랑에 관한 얘기도 단지 그가 사랑이라고 믿는 것에 따르는 고통스러운 두근거림에 대해서이다. 사랑 그 자체에 대해서는 그 누구도 모른다. 어쩌면 거기에 '사랑'이라는 것이 있을지도 모른다는 느낌 외에는. 따라서 우리는 사랑에 대해 침묵해야 한다. 그것에 대해서는 아무도 모른다. 그것에 대해 마치 본질을 알고 있거나 한 것처럼 말하는 것은 떠버리의 허영에 지나지 않는다.

중요한 문제가 남는다. 그렇다면 일반적으로 사랑이라고 말해지는 것들의 정체는 무엇인가? 많은 사랑이 범람한다. 이 다양한 것들의 실체는 무엇인가? 사랑이 무엇인지는 말할 수

없다. 그러나 사랑이라고 말해져 온 것들에 대해서는 일단 말
할 수 있다. 그것이 무엇인지 알아보자.

Things That is Said as Love

사랑이라 말해지는 것들

1 섹스

Sex

욕 구 와
공 포

Lust and Dread

우리는 삶보다 생존을 먼저 배우듯이 마음보다 육체를 먼저 배운다. 일반적으로 누구도 성적 욕구에서 자유롭지 않다. 그러나 인간은 성적 충동이라는 육체적 본능을 두려워하고 때때로 혐오한다. 우리 마음 한구석에는 본능의 행사에 대한 도덕적 원죄 의식이 숨어 있다. 그것 이상이다. 성장기에 섹스에 관한 최초의 의식에는 충족에 대한 욕구와 그 결과에 대한 두려움만이 있지는 않다. 그것에 앞서 우리는 욕구 자체를 두려워한다. 그 두려움의 정체는 무엇인가? 본능에 대한 두려움이 인간의 본능이다. 이 본능적 두려움의 정체를 살펴보자. 이 해명은 자못 형이상학적 탐구에 이른다.

인간은 세계의 일부로 태어나지만, 세계의 일부로만 살지는 않는다. 인간은 상당한 정도로 세계에서 독립한다. 그것은 심지어 칭찬받기도 한다. 세계의 일부로서의 삶은 짐승의 삶이라고 간주되기 때문이다. "인간은 짐승과 달라야 하지 않는가?" 이것이 본능의 행사에 대한 두려움의 근본적 이유이다. 세계는 그 자체로서 본능이다. 거기에 자의식 같은 것은 없다. "모든 것은 있는 그대로 있고 발생하는 것은 그대로 발생한다."(비트겐슈타인)

세계로부터의 인간의 독립과 인간의 고유한 문명은 사실은 같은 것이다. 문명은 본래부터 세계를 타자로 인식한다. 지성이라고 불리는 것은 먼저 자신과 세계를 대립시킨다. 거기에는 주체로서의 자아가 있고 그 주체에 의해 재단될 세계가 있다.

결국 우리의 세계관은 둘 중 하나의 방향을 취한다. 스스로를 세계로부터 독립시키든가 혹은 스스로를 세계의 일부로 함몰시키든가. 물론 어느 쪽으로도 완벽하게 실행할 수는 없다.

우리의 몸에는 우리가 아무리 독립을 원해도 그것이 전적으로 가능하지는 않다는 것을 주장하는 — 비록 드러나지는 않지만 — 세포가 존재한다. 그것이 생식세포이다. 세계는 단일하다. 인간은 이 단일성을 깼다. 그러나 자유롭게 보이는 신천옹조차도 언제까지나 공중에 머물 수는 없듯이 세계의 단일성을 깬 것처럼 보이는 인간도 질긴 끈에 의해 세계에 묶인다. 자신의 존재 자체가 세계의 단일성에 빚지고 있다. 따라서 인간의 세계로부터의 독립은 완전하지 않다. 그 역시 본능으로서의 세계의 일부분이다.

인간의 속성은 인간 이외의 짐승의 속성과 어떻게 다르며 또 어떻게 인간이 우월한가? '짐승 같은 놈'이 욕이 되는 이유는 무엇인가? 엄밀히 말하자면 그것이 욕이 될 수는 없다. 욕이 되는 이유는 단지 인간이 오만하기 때문이다. 인간의 짐승으로부터의 분리는 하나의 가능성^{possibility}에 대해 말할 뿐이다. 짐승들에게는 존재 조건에 있어서의 가변성은 없다. 그들은 모두 본능이라는 끈에 묶여 닫힌 원 안을 맴돌 뿐이다.

인간은 스스로를 진화의 정점에 있다고 생각해왔다. 그러나 가치의 문제에서는 진화도 없고 정점도 없다. 인간은 매우 특이한 존재일 뿐이다. 인간과 유인원과의 차이는 유인원과 유글레나의 차이보다 크다. 지성이라는 것은 이렇게 독특하다. 인간이 스스로를 세계와 분리시킬 수 있었던 것은 지성에 힘입었기 때문이다. 지성은 개념을 형성한다. 그러고는 그 개념을 연관 지어 인과율을 구성한다. 인과율에 대한 역량이야말로 '인간적인^{humanistic}' 것이다. 그것이 곧 지성이다. 인간은 현재까지의 축적된 자료로 하나의 법칙을 구성한다. 그리고 그 법칙으로 미래를 예견한다. 인간은 경험을 미래에 투사한다. 이것의 공학적 적용이 설계도이다. 그것은 지성의 소산인 상상력에 힘입었다. 도구는 이렇게 생겨난다. homo faber^{도구인}은 homo sapiens^{지혜인}와 같은 말이다.

인간은 지성을 사용하여 지구를 지배하고 있다. 지배한다는 것은 좋은 것인가? 그렇다면 지성은 좋은 것이다. 그러나 지배가 지배자 자신의 무엇인가를 파괴한다면 지성은 나쁜 것이다. 사실 그렇다. 지배자는 권력에 물든 오만에 의해 내면적 가치의 가능성을 몰락시킨다. 비극이다.

이것이 하나의 가능성이다. 세계로부터의 분리는 — 그것이 완전히 가능하다면 — 본능으로부터의 해방이라는 견지에서 장본인에게 무한대의 자유를 준다. 그러나 그 자유는 스스로의 책임이라는 견지에서 항상 좋은 것만은 아니다. 그것은 스스로의 좋은 내면으로 향하는 가능성을 가질 뿐이다. 그것은 가치중립적이다.

세계로부터의 자유에 우월적 가치를 두는 것 자체가 오만이다. 즉, 문명은 오만에 기초한다. 스스로가 세계로부터 분리되어 있다는 자의식이 바로 오만이기 때문이다. 그렇기에 그것이 축복인 동시에 저주이며 전진인 동시에 후퇴라는 사실은 모른다. 일반적으로 문명은 무조건 좋은 것이 된다. 역사학은 동시에 문명사이다. 이렇게 말하는 데에는 물론 근거가 있다. 인간의 독특함이 본능을 이기고 전진해온 길이기 때문이다. 그러나 그 자체가 선은 아니다. 지성이 빛도 아니고 본능이 어둠도 아니다. 빛이 좋은 것만도 아니고 어둠이 나쁜 것만도 아니다. 빛은 때때로 눈을 따갑게 하고 어둠은 때때로 우리를 포근하게 감싼다. 따라서 역사학은 하나의 독특한 경향에 대한 탐구이지 인간의 우월함을 과시해가는 과정에 대한 탐구가 아니다.

섹스가 욕구와 동시에 두려움을 주는 이유는 여기에 있다. 욕구는 세계로부터 인간의 독립이 아직 완전하지는 않다는 증거이며 두려움은 그 사실에 대한 공포에 기초한다. 문명은 무조건 선한 것이다. 그것은 세계로부터의 인간의 해방을 의미한다. 그러나 성욕은 인간이 세계에 예속되어 있다는 증거이다. 따라서 섹스는 지성과 대립한다. 이것이 섹스가 어둠 속에서 행해져야 하는 이유이다. 올더스 헉슬리의 〈멋진 신세계Brave New World〉가 아마도 인위적인 인간에 대한 최초의 상상일 것이다. 어떤 공상과학 영화는 인공적 인간을 만들고자 하는 차가운 지성과 거기에서 벗어나고자 하는 '인간다운' 인간의 투쟁을 주제로 한다. 이것이 반문명이다. 우리는 상당 부분이 투쟁자들에게 공감한다. 왜 공감할까? 이것에 대한 이해는 철학 전체에 대한 이해를 전제한다.

철학사는 '세계에 속한 인간'과 '세계에서 독립한 인간'이라는 양극단 사이에서 진자 운동을 한다. 이 두 이념의 충돌은 이미 고대 그리스에서 시작되었다. 플라톤은 세계에서 인간을 철저하게 독립시킨다. 그가 원하는 독립은 너무도 철저한 것이어서 심지어는 인간이 아닌 신에 대해 말하고 있는 듯하다. 그의 동굴의 우화는 어둠을 벗어나 빛을 보라는 충고이다. 여기에서 빛은 지성의 세계이며 어둠은 본능의 세계이다. 플라톤은 인간 지성이 인간의 궁극적인 가치라고 생각한다. 인간은 지성에 의해 세계에 대립한다. 세계는 동물적 본능으로 들끓는 아수라장이다. 이것들은 모두 혼란스러운 이데아의 전락물들이다. 인간이 지닌 위험성은 인간 역시 언제라도 이 세계의 일부분이 될 수 있다는 데에 있다. 따라서 모든 질료를 벗어나 완전히 투명한 이데아에 스스로를 일치시킬 때 그는 철인philosopher이 된다. 플라톤은 그가 그렇게도 추앙하는 지성이 사실은 단지 하나의 사유의 독특한 경향일 뿐이지 그 자체로서 존재하는 이데아가 아니라는 생각을 할 수 없었다. 이것이 그를 최초, 최고의 관념론자로 만든다.

플라톤은 지성의 궁극적 개화를 수학으로 본다. 그것은 추상 중의 추상이다. 거기에는 어떤 질료도 없다. 그것은 질료로 지저분한 세계에 대한 감각적 경험의 고리를 완전히 끊은 것이다. 그 얼음 같은 차가움, 이론의 여지 없는 명석성, 경험과 분리된 순수 사유…. 플라톤의 이데아, 칸트의 본유관념 등은 수학을 염두에 둔 것이었다. 인간의 지성은 본래적으로 이렇게 깨끗한 것이었다. 그러나 인간이 육체라는 질료를 지님에 따라 거기에 때가 끼고 말았다. 이것을 닦아야 한다.

갈릴레오 갈릴레이가 "세계는 수학이라는 언어로 읽을 수 있는 책"이라고 말할 때, 그의 마음속에 있었던 것 역시 세계는 거기에 선재하는 수학에 맞춰지게 된다는 전제이다. 과학혁명 역시도 플라톤적 의미의 지성의 존재를 과학의 기저로 봄으로써 가능한 것이 된다.

중세를 먼저 살펴보기로 하자. 섹스에 대한 죄의식은 그때 정점에 이른다. 중세에는 플라톤적 이념이 '실재론realism'으로 불리게 된다. 최초의 교부이며 가장 두드러진 철학자였던 아우구스티누스 시대에서 중세 말에 가장 영향력 있었던 토마

스 아퀴나스 시대에 이르기까지 중세는 플라톤적 이념에 지배받았다. "태초에 말씀이 있었고, 그 말씀이 신과 함께 있었고, 그 말씀이 곧 신이라." 할 때, 그 '말씀'은 곧 보통명사를 의미하는 것이었다. 또한, 그것은 존재 일반을 규정짓는 추상개념이었다. 따라서 그 자체로서 하나의 관념이며 세계에서 독립한 이데아를 가리키는 것이었다.

플라톤을 따라 중세 대부분의 교부들이 육체를 치욕적인 것으로 본 이유는 이것 때문이었다. 그들은 고귀한 지성을 저열한 육체가 침해한다고 생각했다. 여기에서 육체적 금욕과 거기에 따르는 도덕률이 생겨났다. 인간은 형상으로서의 신을 닮아야 했다. 최소한 닮으려는 시도를 해야 했다. 본능에 굴복하는 것이 바로 전락이었다. 이러한 사람에게 구원은 없었다. "형상은 건설하고 질료는 방해한다."(아리스토텔레스)

중세에 인간이 신에 예속되어 있었던 건 사실이다. 그러나 신의 성스러움은 인간에게 낯선 어떤 것에 기초하지는 않았다. 신은 순수 지성임에 의해 위대했다. 고대 그리스의 신은 기하학을 했다. 중세의 신은 그 이상이었다. 신이 곧 기하학이었다. 인간은 감히 신을 닮아야 했다. 인간 사이에는 위계가 생겼다. 좀 더 신을 닮은 사람과 그렇지 않은 사람들 사이에. 교황이 신을 가장 많이 닮았다.

말한 바대로 성적인 불안과 공포는 지적 존재로서의 인간이라는 이념에 기초한다. 이 공포는 심지어 인간의 본능이다. 인간은 지성의 가능성을 타고난다. 이 가능성은 사회적 훈련에 의해 발현된다. 성에 대한 공포는 이를테면 인간이라는 종에 가능성으로 이미 잠재한다. 여기에 문명이 더해지면 그 공포감이 현실화된다. 거기에 문명의 우월성의 교의가 강화되면 성적 공포는 심지어 수치심이 된다. 중세의 신은 그러한 성격의 문명의 화신이었다.

예술사에서 고전주의를 하나의 규준으로 보는 이유도 여기에 있다. 그리스 고전주의와 르네상스 고전주의는 예술사에 있어서 획기적인 이정표이다. 그것은 미의 왕국이며 인간의 심미적 가능성의 최대 발현이다. 고전적 구조물들은 입체 기하학의 주제들이고 고전주의적 회화는 평면 기하 도형에 색을 입힌 것이다. 그러한 예술을 바라볼 때 인간은 지적 존재로서의 자신을 자각하는 동시에 세계에서 독립한 인간이 무엇을 할 수 있는가에 대한 끝없는 자만에 빠진다. 그것 역시도 하나의 가공적인 — 지성이 가공적인 것이라면 가장 가공적인 — 세계라는 생각은 누구도 하지 않는다.

여기에 그치지 않는다. 인간이 세계에서 독립한 것이 아니다. 세계가 인간을 위해 존재한다. 신이 세계를 창조한 것은 (지적 존재로서의) 자신을 닮은 인간을 위한 것이었다. 실재론자들이 말하는 자유의지free will는 엄밀한 의미에서는 자유의지가 아니다. 지향점이 이미 제시되어 있기 때문이다. 인간은 선택할 수 없다. 만약 이데아에의 노력에 태만하면 전락하기 때문이다. 인간은 신을 닮았고 그 신은 '말씀'으로서의 신이다. 아마시아의 아스테리우스는 말한다. "신은 인간이 되었다는 한 번의 모욕으로 족하다. 그러므로 앞으로는 신의 형상보다는 신의 말씀을 믿도록 하자." 그에게 예수는 신의 모욕이다. 육체를 입었으므로. 만약 온전한 신이라면, 그리고 신이 원하는 온전한 인간이라면 지성 이외에 아무것도 가져서는 안 된다.

수학과 같이. 육체 없는 지성 이외에 어떤 것도.

인간에게는 확실히 지성에 대한 타고난 경향성이 있다. 누구도 지성 자체를 타고나지는 않는다. 인간 사회 속에서 살지 않는 한 지성은 없다. 그러나 지성이 교육에 의한 것만은 아니다. 동일한 교육을 받았다 해도 침팬지가 지성적이 될 수는 없다. 그러나 인간은 지성의 가능성을 타고난다. 이 가능성이 바로 인간이다.

지성은 따라서 세계의 상대성이든 개인의 주관성이든 간에 취향의 존재를 부정한다. 그들에게 세계는 객관화된 지성에서 유출된 것이기 때문이다. 이탈리아 르네상스기에 휴머니즘이라고 일컫게 되는 새로운 이념은 이처럼 매우 비인간적인 것이기도 했다. 휴머니즘이란 인간은 지성적 존재이며 그 지성은 세계의 존재를 존재하게 하는 원리의 포착이었다. 즉, 인간 지성의 개가가 곧 휴머니즘이었다. 만약 휴머니즘을 공감과 연민에 기초하는 측은지심으로 이해한다면 결정적인 오류를 범하는 것이다. 휴머니즘은 하나의 오만이다. 모든 것을 수학적 기준에 맞추라고 하는. 물론 휴머니즘은 신본주의를 벗어난 것이긴 하다. 그러나 그것은 신에게 예속되는 지성을 인간의 것으로 옮겨 놓았을 뿐, 그 자체로서 모든 인간을 향하는 혹은 세계를 향하는 공감을 의미하는 것은 아니었다. 인간은 신을 벗어났지만, 다시 지성의 그물에 갇혔다. 이러한 점에서 르네상스는 재탄생이다. 플라톤 이념의 근대적 소생이기 때문이다.

플라톤과 소피스트들

Plato and Sophists

고대 그리스의 전체적인 이념이 소크라테스와 플라톤에 의해 지배되었다고 생각하면 역사에 대해 무지한 것이다. 소크라테스와 플라톤을 제외한 대부분의 철학자는 소피스트였다. 물론 기원전 400년경의 그리스는 매우 플라톤적이었다. 그것은 아크로폴리스의 파르테논 신전이 보여주는 바이다. 그러나 그러한 고전주의 기간은 매우 짧았다.

그리스 고전 비극은 아이스킬로스, 소포클레스, 에우리피데스로 이어진다. 아마도 소포클레스가 고전적 이념을 가장 잘 실현한 비극 작가였을 것이다. 그러나 일찌감치 아리스토

파네스는 소크라테스의 지성을 비웃었고 좀 더 후기의 에우리피데스는 지성의 표상으로서의 남성을 비난하며 페미니스트가 된다.

소피스트들은 지적 이상주의의 공허함과 비현실성을 공격한다. 칼리클레스, 트라시마코스, 프로타고라스 등은 모두 만물은 주관적이고 취향에 의해 지배받는 개별적 인간에 의해 재단될 뿐이고 보편적인 것으로서의 정의는 단지 '강자의 이익'이라고 말한다. 아마도 이들이 최초의 유명론자이며 경험론자일 것이다. 그들은 세계로부터의 인간의 독립을 부정한다. 인간 역시 세계에 속한 하나의 육체적 존재이며 우리의 지성이라는 것은 단지 자신의 이익을 정당화하기 위한 저열한 합리화라고 주장한다.

섹스는 소피스트적 이념에 의해서만 어둠에서 벗어날 수 있다. 여기에서 에우리피데스를 통해 우리는 어떤 중요한 사실을 알 수 있다. 섹스는 남성에겐 욕구의 충족이지만 여성에겐 삶의 매우 큰 부분이라는 사실을. 충족이 끝난 남성은 들떴던 욕정의 해소에 만족하는 것 이상으로 그것을 잊고자 하거나 민망해한다. 사르트르 역시 남성의 그러한 심적 태도에 대해 '끈적거림'에 대한 남성의 공포로 표현한다. 이것은 심지어 남성에게는 애정과도 상관없는 문제이다. 남성이 욕구 충족이 끝난 후에도 그 대상에게서 어떤 만족감을 느낀다면 그것은 그의 섹스가 애정에 기초해서라기보다는 애정과 더불어 있었기 때문이다. 이 부분에 대해서는 다음 장에서 자세히 설명하겠다.

　정리하자면 소피스트들의 세계관은 다음과 같다. 인간은 세계와 대면할 수도 없고 또 그것을 종합할 역량도 없다. 지성은 환각이다. 최소한 그 기능에 관한 한 환각이다. 지성은 단지 거듭된 감각이 눌러 놓은 자국에 지나지 않는다. 감각만이 유의미하다. 그것만이 확실하다. 인간은 지성에 의해 세계와 대면하기보다는 감각에 의해 세계에 매몰된다. 인간은 없고 세계만이 남는다. "나는 나의 세계이다$^{I\ am\ my\ world}$." 지성이 그 유의미함을 잃게 됨에 따라 세계 역시 의미를 잃게 된다. 거기에 확고하고 필연적인 세계는 사라진다. 왜냐하면, 그것은 지성의 소산이었기 때문이다. 세계는 부스러지고 나의 삶과 세계는 우연이 된다. 나의 죽음은 세계의 소멸이다. 내가 죽고 난 후에도 세계가 지속될 거라는 사실을 알 수는 없다. 누구도 죽음을 경험할 수는 없다. 경험할 수 없는 세계는 말해질 수 없는 세계이다.

유 비 론

Doctrine of Analogy

지식을 경험에 한정시킬 때 섹스는 솔직하게 ─ 공공연하
게는 아닐지라도 ─ 말해질 수 있게 된다. 지성은 고상하지만
때때로 위선적이고, 감각은 솔직하지만 때때로 상스럽다. 지
성에 대한 신념은 섹스의 언급을 상스러운 것으로 본다. 지성
인들은 스스로가 섹스 없이 탄생했다고 생각한다. 에라스뮈스
는 〈우신예찬〉에서 지성에 대해 끝없는 야유를 퍼붓는다. 그
고상함 이면에 숨어 있는 위선에 대해. 그들은 너무도 정신주
의적이어서 육체적인 모든 것을 저주하고 경멸한다. 그러나
인간의 욕정은 이 위선 밑에서 음침하게 번성한다. 섹스에 대

해 공포를 지니고 있고 그 첫 경험을 실수와 치욕으로 느끼는 순결한 첫사랑의 소녀들의 불쌍한 가책은 사실은 이 위선자들이 심어 놓은 죄책감 때문이다.

이러한 고상함은 어떻게 정당화되는가? 이것은 철학적 유비론the Doctrine of Analogy에 의한다. 모든 존재는 위계를 이룬다. 최상위에 순수 지성이 있고 가장 아래에 감각적 존재들이 있다. 최상위는 순수 형상이며 최하위는 순수 질료이다. 순수 형상은 그 자체로 선이며 지성이고, 순수 질료는 선과 지성의 진공이다. 이때 순수 형상은 수학이며 순수 질료는 무기물이다. 인간은 이 중간 어딘가에 위치한다. 그러나 모든 인간이 같지는 않다. 인간 사이에서도 좀 더 지성적인 사람과 좀 더 감각적인 사람이 있다. 고대 그리스 사람들과 르네상스기의 휴머니스트들은 최상위에 가장 순수한 인간 지성을, 최하위에는 무기물을 가져다 놓는다. 인간은 물론 모든 존재의 정점에 있다. 그러나 모든 인간이 평등하지는 않다. 지성은 평등하게 배분되지 않는다.

고대 그리스와 르네상스기의 이탈리아에 대한 찬양은

신의 자리에 인간을 앉힌 것에 따른다. 중세인들은 최상의 인간은 천사의 바로 아래에 속한다고 생각했다. 그러고는 인간세계 역시 하늘의 세계를 닮아 위계를 이룬다. 이것이 유비론이다.

섹스에 대한 두려움과 불편은 이러한 유비론에서 나온다. 신은 순수 형상이고 인간은 순수 형상을 모방할 수 있다. 그러나 세계는 그 자체로 질료이며, 세계에 속한다는 것은 형상을 포기하는 것이고 불경스럽고 저열한 삶을 의미한다. 유비론의 주창자들은 이렇게도 오만하다. 이러한 이상주의는 때때로 공허하다. 그리고 사실 이 이상주의는 위선의 배양토이다. 어느 누가 본능에서 자유로울 수 있는가?

유비론은 오만한 철학이다. 그들은 평등한 인간, 평등한 세계를 가정하지 않는다. 우습게도 여기에는 허영이 팽배하다. 두 종류의 허영이 있다. 사회적 승자의 허영과 사회적 패자의 허영. 이것은 하나의 희비극이다. 전자는 희극적이고 후자는 비극적이다. 그러나 둘 모두 어리석음이다.

사회적 승자는 그 승리가 단지 물질적인 것이라고 인정되는 것을 불편해한다. 그들은 사회적 승리에 정신적 승리까지 더하기를 원한다. 그들은 문화 단체에 기부를 하고 갤러리같은 것들에 대한 욕망이 있으며 학위에 대한 허영을 지닌다. 이런 사람들의 섹스는 물질적 승리 위에 기초하지 않는다. 적어도 자기 자신은 그렇게 생각한다. 그들은 섹스가 자신의 지성적 매력에 기초한다고 믿고 싶어 하며, 상대가 자신과 섹스를 하는 이유는 자신이 이룬 사회적 성취 때문이 아니라 자신이 지닌 지성과 품격 때문이라고 생각한다. 또한, 우습게도 그것에 대응해주는 사람들이 있다. 그들은 스스로를 기만한다. 인간으로서의 그 사람에게 매혹되었다면서. 그러나 사실 마음 깊은 속에는 마치 건물의 한쪽 구석에 각인되어 있는 기증자의 이름처럼 ― 기증의 목적은 사실은 그것인바 ― 부에 대한 희구가 있다. 물론 돈을 받지는 않는다. 자신은 돈 때문에 그 사람과 잔 것은 아니므로. 정말 그럴까? 제시되는 돈이 적어서는 아닐까? 그 사람의 부 전체를 자기 육체와 교환하기를 원하는 것은 아닌가?

사회적 패자의 허영은 비극적이다. 이들의 허영에는 사회의 부당성에 대한 분노가 섞여 있다. 자신은 지성의 세계에 있어서는 승자이다. 그러나 그 가치에 대한 사회적 보상이 없다. 그것은 사회가 비천함으로 차 있고 속물들로 차 있기 때문이다. 자신은 순수하지만, 세계는 불결하다. 인문학은 죽었다. 왜냐하면, 사회가 천박하므로. 자신은 그러한 세계에서 경쟁하고 싶지도 않고 그 세계에 몸담고 싶지도 않다. 그곳은 질료적인 욕망의 하수구이다. 자신은 가난을 감당할 수 있다. 가난을 벗어나기 위해 저열함을 감수하느니 고상함 속에서 죽겠다.

정말 그럴까? 혹시 그들의 분노는 그 자체로서 전도된 사회적 욕망은 아닐까? 그랬다. 내 경험으로는 여기에 예외는 없었다. 예외가 있다면 그들은 인간이 아닐 것이다. 그러려면 세계에서 완전히 독립한 상태여야 한다. 물론 정도의 차이는 있다. 상당한 정도로 세계에서 독립적인 사람들이 있다. 그러나 그 경우에도 독립적이려고 애쓰는 경향성이 좀 더 컸을 뿐이다. 전적으로 독립할 수는 없다. 그들에게도 역시 동물성,

즉 질료는 있다. 누가 여기서 자유로울 수 있겠는가?

권력에 대한 분노는 자신이 권력을 쥐지 않았다는 사실에 있고 돈에 대한 분노는 자신이 가난하기 때문이다. 사회적으로 무력하고 가난하고 순수한 젊은이들에게 어떤 행운과 타협에 의해 권력과 돈이 주어지면 그들은 언제라도 더욱 비겁하고 오만해진다. 그러나 사실 그것조차 상당히 드문 경우이다. 패배와 반감은 서로 맞물린다. 패배했기 때문에 승자에게 반감을 갖고 승자에게 반감을 갖기 때문에 다시 패배한다. 가난하기 때문에 그렇게 행동하고 그렇게 행동하기 때문에 더욱 가난해진다. 즉, 승자를 부러워하는 사람들은 승자가 될 가능성을 더 많이 가진다. 승자에게 반감을 갖는 사람들은 계속 패자에 머물러 있을 가능성을 가진다.

물론 승리와 패배는 그 자체로서 고유의 가치를 지니지는 않는다. 행복한 노숙자와 불행한 왕은 이제 이야깃거리도 안 된다. 나는 단지 여기서 '순수'를 삶의 지침으로 삼는 사람들의 오만에 대해 말할 뿐이다. 이 순수한 사람들은 까닭 모를 오만을 지닌다. 일반적으로 그렇다. 만약 누군가가 가치를 위해 가난을 감수하기 때문에 그것이 고상한 삶이라고 믿는다면 그것은 고상한 삶이 아니라 허영에 찬 삶이다. 사회적 성공과 패배는 고상함이나 저열함과 상관없다. 태어날 때부터 승자였지만 고상한 사람이기를 거부한 사람들은 유비론자들이 아니다. 오히려 그 반대편에 있다. 아마도 비트겐슈타인이 거기에 속할 것이다. 물론 유비론자 아닌 속물 — 러셀과 같은 — 들도 많이 있지만.

이 가난하지만 순수한 사람들의 섹스는 자신의 지성적 매력 위에만 기초한다. 어떤 이들은 자연이 공평하다고 생각한다. 사회적 패배가 지적 우월성에 의해 보상받는다고 생각한다. 이 역시 오만이다. 지적 우월성이라는 것의 존재를 가정하기 때문이다. 그러나 그러한 것은 없다. 이들의 섹스는 단지 허영과 착각에 기초한다. 물론 나는 이들 사이의 섹스의 열렬성과 그 도취적 향락을 부정하지 않는다. 어떤 섹스든 행복할 수 있다. 형식과 내용은 서로 독립적이다. 지성은 지성이고 섹스는 섹스이다.

다만 섹스의 동기가 슬플 뿐이다. 허영과 착각 위의 섹스

라니. 기만이 주는 공허가 어떤 궁극적인 희망과 지속성을 주
겠는가? 이 관계가 결혼에까지 이르면 환멸만 남는다. 그들은
물질을 쟁취하는 데 있어 무기력하다. 이제 자격지심에서 오
는 분노는 더욱 심해진다. 서로가 상대에게 실망한다. 누가 이
러한 분노를 견뎌내겠는가.

등 거 리 론

Equidistance Theory

등거리론은 유비론과 상대되는 이념이다. 유비론은 우리의 세계 인식이 형상에 대한 우리 추상적 역량에서 유출된 것이라고 말하고 — 이것이 철학적 실재론 혹은 합리론인바 — 등거리론은 추상이란 단지 감각 인식의 누적되고 희미한 기억의 축적이라고 말한다. 감각 인식은 직접적이고 생생하고 실증적이지만 추상은 간접적이고 흐릿하고 비실증적이다. 그것은 단지 인간의 가공물이며 따라서 실재를 갖지 못한 '명칭'에 지나지 않는다. 오컴(William of Ockam)은 말한다. "보편자는 단지 사물들 뒤에 있는 명칭에 지나지 않는다 Universalia sunt nomina post rem." 이것이 유명론이며 그 근대적 이름은 경험론이고 19세기의 이름은 실증주의이다. 또한, 현대 철학 역시 이 경향을 따른다. 이것이 논리실증주의이고 분석철학이다. 물론 프랑스를 비롯한 대륙의 철학은 포스트모더니즘이라는 새로운 신념을 불러들였지만, 그것조차도 분석철학의 행동 강령일 뿐이다. 따라서 19세기 말부터 오늘날까지는 이 철학이 주류이다.

우리 인식을 우리 경험으로 제한한다면 인간은 세계에 속하게 된다. 사유는 단지 세계의 형식^{form}으로 제한된다. 다시 말하면 인간은 형상을 불러들일 수 없다. 거기에 물론 세계의 형식이 있어야 한다. 그래야 언어가 가능하다. 그러나 이 형식은 인간을 벗어나 있지 않다. 인간은 형식의 노예일 뿐이다. 그리고 그 형식은 우리 언어에 반영되어 있다. 이 언어가 세계이다. "나의 언어의 한계가 나의 세계의 한계이다."(비트겐슈타인)

인간의 언어는 동물의 본능과 같은 것이다. 각각의 종들은 자기 종을 특징짓는 본능에 묶인다. 마찬가지로 인간은 언어라는 본능에 묶인다. 모든 것들이 저마다의 본능에 묶이고 그렇게 세계는 단일해진다. 거기에 물론 많은 것들이 있다. 그러나 무엇도 세계에서 돌출하지 않는다. 새로운 이념은 인간의 코를 눌러 세계 안으로 밀어 넣었다. 세계에 단절은 없다. 모든 것들은 이차원의 평면상에 함몰되어 있고 연쇄되어 있다.

인간은 개념을 형성하지 않으며 따라서 이데아를 가정하지 않는다. 개념을 형성한다고 믿어져 왔던 지성 자체가 소멸한다. 인간은 독특한 동물이 아니다. 인간은 세계에서 독립하지 않는다. 인간 역시 세계의 일부분이다. 인간은 스스로의 동물성을 자각한다. 인간은 세계와 대면하지도 않고 세계를 정면으로 바라보지도 않고 그것을 규정하거나 종합하지도 않는다.

예술사상 인상주의가 혁신적이었던 이유가 여기에 있다. 거기에서는 선명하게 테두리 처진 사물들이 묘사되지 않는다. 모든 것이 연속되어 있다. 인물들은 존재하지 않거나 존재한다면 배경 속에 함몰된 채로 있다. 그 그림들은 곁눈으로 바라

▶ 마네, [피리 부는 소년], 1866년

보는 세계이다. 입체는 정면으로 바라보며 대상의 삼차원적 성격을 규정할 때 생긴다. 그러나 등거리론에서는 바라보는 자신 역시 세계이다. 이 경우의 바라봄은 전통적인 의미에서의 바라봄이 아니다. 이때의 세계는 세계의 일부로서의 시지각이 가까스로 얻어낸 순간적인 느낌일 뿐이다. 따라서 인상주의 회화에는 연속된 선에 의해 테두리 쳐진 사물들도 없고 완결되고 종합화되는 채색도 없다. 그것은 색의 패치patch들의 병렬일 뿐이다.

지성이 사라진다면 세계에 대한 포착은 개념을 통한 것이 아니며, 따라서 추상성의 포착에 있어서 우월함을 주장해온 사람들은 자신들의 우월성에 대한 근거를 잃게 된다. 전통적인 유비론하에서는 신에 대한 포착이 우리의 지성과 그 지성이 형성하는 '말씀'에 대한 이해로 가능했다. 그러나 말씀은 몰락했다. 또한, 인간적 역량 속에서의 지성도 몰락했다. 본능은 모두에게 공평하다. 따라서 새로운 철학에서는 위계가 없다. 인간은 평등해진다. 지성적 무지에 의해 평등해진다. 지성이 사라질 때 위계도 사라진다.

세계를 초월하는 무엇인가가 있을 수 있다. 그러한 것이 있다고 주장할 근거가 없는 것 이상으로 그러한 것이 없다고 주장할 근거 또한 없다. 그러나 분명한 것은 그러한 것이 있건 없건 간에 우리의 내적 역량에는 그것을 포착할 수 있는, 또한 그 존재의 속성을 규정할 만한 어떤 것도 없다는 사실이다. 이 것이 '오컴의 면도날Ockham's razor'이다. 그는 세계를 초월한다고 주장되어온 것을 면도날로 베어낸다. 동시에 우리에게서 지성 이라고 불려 온 것도 베어낸다. 엄밀히 말하면 베어낸다기보 다는 갈라놓는다. 그는 단지 인간에게 들러붙어 있던 초월적 세계를 더 이상 인간의 것이 아닌 것으로 만들었기 때문이다.

신이 있다면 우리는 모두 신으로부터 '등거리equidistance'에 있다. 우리는 신에 대한 무지에 처한다. 지성이 소멸하며 순수 지성으로서의 신도 소멸한다. 우리는 모두 무지라는 간격으로 신으로부터 같은 거리에 있다. 오컴에서 니콜라우스 쿠자누스 에 이르는 이념 — 새로운 세계로의 길Via Moderna — 은 19세기 말에 이르러 부활한다. 이 부활이 실증주의이다. 인간은 더 이상 세계의 종합자가 아니다. 또한, 우주 창조의 이유도 아니다. 그렇다고 말할 근거가 없다. 우리에게 가능한 인식 대상은 단지 우리의 감각 인식이 허용하는 범위에 그친다. 인간은 과거와 현재와 미래를 관통해서 모든 것을 연역시키는 인과율과 같은 것을 형성할 수 없다. 과거와 현재는 미래에 대한 어떤 필연적 지침도 아니다. 거기에 사유하는 존재도 없다. "인식은 있어도 인식 주체는 없다."(흄)

비트겐슈타인은 사용되지 않는 기호는 무의미한 기호라고 말한다. 존재 의의는 사용됨에 빚진다. "사용되지 않으면 의미 없다What is useless is meaningless." 따라서 신, 인과율, 윤리, 형이상학 등을 지칭하는 기호는 무의미하다. 그 기호는 거기에 대응하는 (실증적) 대상을 갖지 않기 때문이다. 사물들은 단지 세계 속에서 병렬되어 있다. 어디에도 연역은 없다. 유비론자들은 현존의 해명은 그 전의 원인에서 연역된다고 말해왔다. 천체의 운동은 뉴턴의 법칙 — 소위 '수학적 원리' — 에서 연역된다. 감각 인식의 대상들은 추상적인 형상에서 연역되며 모든 형상은 제1원리Causa Prima에서 연역된다. 고대 그리스인들과 르네상스기의 휴머니스트들은 제1원리를 인간의 순수 추상이라고 생각했고 중세의 신학자들은 — 유명론자들은 예외로하고 — 신이라고 생각했다.

새로운 철학은 연역을 폐기한다. 어떤 대상이 그 전의어떤 대상에서 연역되지 않는다. "모든 명제는 등가이다^{All} propositions are of equal value." 모든 것들은 동일한 가치를 지닌 채로 병렬되어 있을 뿐이다. 우리가 할 수 있는 것이라고는 그병렬의 구조^{structure}를 인식하고 거기에 우리를 맞추는 것이다. 이것이 소쉬르에게서 비롯한 구조주의^{structuralism}이며 비트겐슈타인의 논리^{logic}이다. 모든 것은 있는 그대로 있다. 우리의 오류는 우리 자신의 비논리에서 비롯한다. 우리는 때때로 어리석거나 탐욕스럽다. 우리는 '거울처럼' 밝은 세계에 때를 입혔다. 우리의 노력은 이 때를 벗겨 내고 논리적인 세계를 온전하게 만들기 위한 것이다. 왜냐하면, 논리가 우리 인간 세계 속에서의 원리이기 때문이다.

섹스에 대한 관용과 개방성은 이러한 이념에서 비롯한다.

그날 밤에 어떤 일이 일어날지 모두 알면서도 (인간의 육욕을 부정하는) 교회에서 그날 낮에 결혼식을 올린다. 육욕을 그 일부분으로 하는 결혼식이 왜 교회에서 거행되어야 하는가? 이 무슨 비논리인가! 육욕을 부정적으로 보는 교회가 한편으로 그것을 축복하는 것은 어떻게 정당화되는가?

엄밀한 의미에서 현대 철학은 조직과 교권 계급으로서의 종교를 용인하지 않는다. 거기에 신앙은 있을 수 있다. 성스러움에 대한 하나의 희구로서. 그러나 교회는 있을 수 없다. 누구도 신에 대해 설명할 수 없다. 신의 대변자로서의 교회와 성직자는 존재 의의가 없다. 신은 우리의 언어 속에 포함되지 않기 때문이다. 실재론자들은 이러한 현대의 세계관이 품고 있는 형이상학적 전제에 무지하다.

여성들은 보통 실재론적 관습 안에서 삶을 시작한다. 그녀들은 자신이 육체를 가지고 있다는 사실을 두려워한다. 더군다나 육체와 지성의 분리는 생각할 수조차 없다. 그들은 애정의 결과로서의 섹스만을 받아들인다. 애정은 지성으로부터의 은신처이다. 물론 지성과 함께하는 애정이라면 더 바랄 것이 없겠지만. 많은 여성이 자신의 섹스는 관습이 규정하는 사회적 규율에서 자유롭다고 말한다. 그러나 전적으로 자유롭지는 않다. 사회적 규율을 단지 배타적 애정으로 바꿀 뿐이다. 섹스를 위한 섹스는 지성을 최고 가치로 두는 세계에서는 가능하지 않다.

현대 철학자들은 — 만약 그들이 진정한 철학자라면 — 세계를 경멸한다. 여기에서의 '경멸'은 세계에 대한 초연함을 말한다. 그 세계에는 자기 자신도 포함된다. 세계는 질료이며 그것은 우연이다. 여기에는 지성과 거기에서 비롯한 고상함 따위는 없다. 고상함은 위선이기 때문이다. 모든 것이 질료인 이 세계 어디에 고상함이 있는가. "순결한 첫사랑의 소녀는 그녀들의 첫 밤에 고뇌를 알고 눈물짓는다."(생텍쥐페리) 그녀는 사랑이 결코 고상하지 않다는 사실이 슬프다. 그러나 지성은 기쁨이고 섹스는 슬픔인가?

예술의 역사에서 셰익스피어가 때때로 이해될 수 없는 것은 그의 세계관이 상당한 정도로 르네상스의 이념에서 벗어나 있기 때문이다. 그의 희곡은 성의 묘사에 있어서 때때로 노골적이고 때때로 상스럽다. 〈로미오와 줄리엣〉에서 하인이 줄리엣에게 '이제 뒤로 넘어지시라'고 하는 대사는 르네상스의 이상주의자들에게는 상상조차 할 수 없다. 〈햄릿〉에서도 햄릿은 오필리아에게 여성들의 성적 위선과 음란함을 은유로 마구 퍼붓는다. 이것은 셰익스피어가 르네상스의 실재론을 벗어나 있기 때문이다.

그는 두 가지 인간관 사이에서 혼란을 겪는다. 세계로부터 분리된 인간과 세계의 일부로서의 인간 사이에서. 그것이 그의 희곡을 때로는 장엄하게 때로는 노골적이게 만든다. 이것이 예술 사상의 매너리즘이다.

인간을 포함한 모든 것이 세계로 소멸하였다는 세계관하에서의 섹스는 한편으로 정당화되지만 다른 한편으로 자기 포기적이다. 이것은 동물로서의 인간의 불가피한 욕구이다. 인간은 거기에 묶여 있다. 따라서 섹스는 인간의 조건에 속하게 된다. 우리가 먹지 않고 살 수 없는 것처럼 섹스도 그와 같은 것이 된다. 그 세계관은 다른 동물과 마찬가지로 인간 역시 동물이라면서 동물적 본능 속에서 잠들라고 말한다. 이것이 프리섹스이다. 만약 그 혹은 그녀가 이러한 세계관을 전적으로 수용한다면 그들은 세계에 함몰된 존재가 된다. 여기에 잠긴 사람들은 근엄한 사람들을 비웃는다. 그러나 그들은 현실적 삶에서 몰락한다. 사회는 세계로부터 독립한 존재라는 의미에서의 인간관을 따르고 현실은 그로부터 유출된 문명에 기초하기 때문이다. 여기에 맞서 싸워서는 승산이 없다. 히피들은 몰락했다.

섹스 와
사 랑

Sex and Love

섹스가 사랑이 아닌 것은 명백하다. 물론 이러한 언명은 상당히 모호하다. 사랑은 정의될 수 없다고, 아니면 최소한 그것은 말해질 수 없다고 이 에세이를 시작했기 때문이다. 사랑에 대해 어떤 언명도 불가능하다고 할 때 사랑이 섹스와는 다른 무엇이라고 어떻게 말할 수 있겠는가? 그러나 다른 한편으로 다음과 같은 사실도 언급했다. 사랑이라는 것이 있을 수도 있고 없을 수도 있다. 또한, 그것이 있다고 해도 우리는 그것이 무엇인지 알 수 없다. 그러나 사랑 이외에 무엇이라고도 말해질 수 없는 어떤 것에 대한 희구가 우리 마음속에 있다. 신의 존재에 대한 실증적 증거가 없다는 것과 신앙이 있을 수 없다는 말은 같은 것이 아니다. 마찬가지로 우리가 사랑이라는 것을 우리 언어로 포착할 수 없다 해도 우리 마음속에서 '함께함'에 대한 희구가 없는 것은 아니다. 이것은 무엇일까? 그 '함께함'이 단지 물리적인 것만은 아니라는 사실을 우리는 느낀다.

어쨌건 우리는 먼저 사랑이라고 말해져 온 것들에 대한 분석을 계속하기로 하자. 결론이 어느 방향을 향하건. 만약 사랑에 어떤 초월적인 것이 있다면 그것은 인간 고유의 것으로 생각된다. 동물은 단연코 본능에 묶인다. 인간도 물론 본능에 묶인다. 현대 철학의 입장에서는 지성과 문명은 인간적 본능일 뿐이다. 그것조차도 초월적인 것은 아니다. 그렇다면 존재하는 모든 것들은 초월적인 것에 대한 어떤 자격도 없는 것인가? 우리는 실증적인 것 외에 다른 어떤 것에 대한 자격이 없는가? 인간을 포함하는 모든 존재가 무엇인가 초월적인 것에 대한 희구를 가지는가? 나의 대답은 "그렇다."이다. 결국, 이것이 우리 주제와 직접적으로 얽힌다. 이것과 관련한 논의가 이 책의 마지막 장이 될 것이다.

하나의 전제는 가지고 가자. 초월적인 것에 대한 희구가 인간을 다른 동물로부터 차별화하는 것이라 해도 그것 자체가 인간 우월의 근거는 아니라는. 오만은 피하도록 하자.

신앙, 윤리, 아름다움, 사랑 등등은 물론 침묵 속에서 지나칠 것들이다. 언어는 경험의 영역 내로 제한되기 때문이다. 그러나 그것은 이것들이 말할 가치가 없어서는 아니다. 물론 현대 철학은 그 가치에 대해서조차 언급하면 안 된다고 말한다. 어떻다 해도 우리 언어와 지성이 그것들을 망쳐온 건 사실이기 때문이다. 어처구니없는 거짓된 언사와 감상이 그것들에 대한 설명에 동원되었다. 수없이 많은 '거대담론'과 '계몽서사'들이.

프란츠 마르크는 "유럽인의 눈이 세계를 망쳤다."고 말한다. 마찬가지로 인간의 언어가 고귀함을 망쳤다. 위선과 허영과 오만과 우월감 속에서 인간의 언어는 모든 것을 망쳤다.

말해질 수 없는 것에 대해 무엇인가를 말하면 말할수록 우리는 그것을 망친다. 우리 언어는 초월적인 것들을 포착하지 못한다. 이것은 우리의 무지 때문이 아니다. 우리가 무지를 비지성적인 상태라고 규정한다면 무지가 고귀함을 망치지 않는다. 무지한 사람들은 초월적인 것에 대해 말할 수조차 없다. 지성을 결하고 있기 때문이다. 따라서 그들은 무엇을 망칠 능력을 가지고 있지 않다. 오히려 지성의 영역을 무한대로 확장시킨 사람들이 문제의 근원이다. 무지가 나쁜 것이 아니라 스스로가 무지하지 않다고 생각하는 것이 나쁘다. 식자가 문제이다. 누군들 무지하지 않겠는가? 모두가 신으로부터 등거리에 있지 않은가?

언급할 수 있는 것에 대해서는 명료하게 언급하고 언급할 수 없는 것에는 침묵할 줄 알아야 한다. 인간의 최선의 지혜는 침묵 속에 지나쳐야 하는 것에 대해 침묵할 줄 아는 것이다. 많이 떠드는 것은 무지에 오만을 더하는 것이다. 이것은 누군가는 침묵하지 않을 정도로 지혜로운 사람이 있다는 사실을 전제하지 않는다. 모두가 초월적인 것에 대해 인간의 언어로 대응해서는 안 된다. 이 점에 있어서 인간의 역량은 바퀴벌레보다 우월하지 않다. 인간은 영혼을 가졌기 때문에 우월하다고 말해서는 안 된다. 인간이 그렇다면 바퀴벌레도 고유의 영혼을 가진다. 단지 서로 다른 영혼을 가졌을 뿐이다. 차라리 둘 다 영혼을 가지지 않았다고 말하는 편이 더 참에 가깝지만.

섹스는 그 자체로서 사랑이 아니다. 그것은 사랑 위나 사랑 아래에 있는 것도 아니며 심지어 사랑 옆에 있는 것도 아니다. 그것은 단지 본능의 충족이다. 확실히 어떤 사람들은 섹스를 사랑의 한 파생물로 생각할 것이다. 그럴까? 전통적인 철학은 섹스는 존재하지 않는 것이 바람직하지만, 종족의 보존과 유약한 인간의 본능 충족을 위한 필요악이라고 생각한다. 실재론자 혹은 합리론자들은 섹스에 어떠한 긍정적 의미도 부여하지 않는다. 그들에게 사랑은 플라톤이 〈향연〉에서 말하는 그 사랑이다. 즉, 이데아를 향한 추구의 공유에 의해 하나가 되는 것. 플라톤이 동성애에 대해 적극적으로 긍정한 이유는 여기에 있다. 여성은 질료이고 남성은 형상이라는.

이성 간의 성적 행위는 여기에서 천대받는다. 이상주의자에게 섹스는 사랑이 아니다. 고전적 예술은 섹스를 무대에서 배제시킨다. 그것은 비밀리에 행해져야 한다. 물론 많은 고전주의 예술이 벌거벗은 육체를 다룬다. 그러나 그것들은 성적인 요소를 노골적으로 내세우지 않는다. 시스티나 성당 천장화와 벽화는 벗은 육체로 가득하고 다윗 역시 벗고 있다. 그러나 우리는 여기에서 성적인 느낌을 받지는 않는다.

육체가 어떤 성적 분위기를 띠는 것은 브론치노, 티치아노, 틴토레토 때에 와서이다. 예술사에서의 매너리즘은 먼저 인간 지성의 절대성을 부정한다. 이때에야 비로소 성적인 요소는 전통적인 예술과 대등하게 다뤄지게 된다. 여기에서 지성과 섹스와의 관계가 드러난다. 매너리즘 화가들이 성적 분위기를 지닌 예술을 창조했다고 해도 그것은 설화나 성경의 주제를 변명으로 삼는다. 그들은 내용을 이용해 형식을 대두시킨다. 내용은 고전적 주제를 담고 있지만, 그 표현 양식은 성적 분위기를 띤다.

▲ 브론치노, [비너스와 큐피드의 알레고리], 1545년

현대의 새로운 철학은 성을 인간의 보편적인 속성으로 간주한다. 현대의 분석철학은 섹스를 부정하지 않는다. 그러나 이것은 현대 철학이 섹스를 유의미하거나 숭고하게 보아서는 아니다. 현대의 분석철학자들은 ― 물론 그중 섹스에 대해 구체적으로 말할 사람은 없지만 ― 섹스를 경멸한다. 그러나 그것이 섹스이기 때문에 경멸하는 것은 아니다. 그들은 모든 것을 경멸하므로 섹스를 경멸한다. 스스로가 세계이다. "나는 나의 세계이다."(비트겐슈타인) 그들이 세계를 경멸할 때 거기에 속한 자신도 경멸한다. 여기에 고귀하고 존중받을 것이 있겠는가?

현대 철학자들은 섹스를 딱히 두드러지게 경멸받을 것으로 보지는 않는다. 어차피 세계는 균등하다. 나와 세계가 이미 보잘것없는 것이라면 어디에 소중한 것이 있으며 어디에 경멸받을 것이 있겠는가? 섹스는 단지 짝짓기일 뿐이다. 아마도 동물사회학자들 역시 섹스에 대해 똑같이 생각할 것이다. 그러나 철학자들 ― 그들이 진정한 철학자라는 가정하에 ― 과 동물사회학자들의 입장은 전적으로 다르다. 철학자들은 초월적인 것의 존재를 부정하지 않는다. 단지 그것들의 존재를 확인하지 못한다고 말할 뿐이다. 그러나 동물사회학자들은 남녀의 모든 성적 행위를 짝짓기로 수렴시킨다. 인문학자들은 대체로 공허하고 과학자들은 (감상적이지 않다면) 얄팍하고 때때로 상스럽고 천박하다.

그렇다면 섹스에 어떤 초월적인 요소가 있는가? 그렇지는 않은 듯하다. 섹스는 사랑과 관련하지는 않는다. 나는 물론 말한바대로 사랑이라는 초월적인 어떤 것의 존재를 부정하지 않는다. 그러나 섹스가 그 자체로 초월적인 것은 아니다. 그것이 아무리 큰 환락을 주고 얼을 앗아간다 해도 초월적인 것은 아니다. 만약 그렇다면 마약도 초월적인 것이다. 섹스는 또한 초월적인 어떤 것을 원인으로 갖지도 않는다. 이 점에 관한 한 동물사회학자들의 견해를 부정할 어떤 요소도 없다. 그러나 사랑은 초월적이다.

섹스는 그 자체로는 가치중립적이다. 많은 사람이 사랑 없는 섹스의 부도덕성에 대해 말하고 섹스의 원인으로서의 사랑에 대해 말한다. 정말 그럴까? 그렇지 않다. 섹스 없는 사랑이 있다. 사랑 없는 섹스도 있다. 이 둘 사이에는 어떤 관계도 없다. 사랑과 섹스는 아예 질을 달리한다. 아마도 애정 ― 애정에 관해서는 따로 한 장을 할애한바 ― 은 섹스와 관련할 것이다. 이 점에 관한 한 더 깊은 탐구는 '애정'에 관한 장으로 넘기기로 하자.

2 혈연

Bloodgiven Love

연

Causal Relation

부처는 이것을 연$^{causal\ relation}$이라고 했다. 그중에서도 가장 큰 연이라고 했다. 부처는 사실은 연에 대해 부정적이지 않았다. 단지 차별적인 연에 대해 탄식했다. 물론 어떤 연을 차별적인 것으로 만드는 동기는 그 연 자체의 내재성에 있지는 않다. 삶이 곧 연이다. 부처가 권하는 것은 연을 넘어서라는 것이다. 연을 초월한다는 것은 모든 연에 한결같아야 한다는 것을 의미하고 연 속에 스스로를 소멸시키며 살아야 한다는 것을 의미한다. 그러나 인간은 그렇지 못하다. '자기'를 버려야 연이 사라진다. 연 중 가장 큰 연은 부모와 자식 간에 있지 않고 자기와 자기 사이에 있는 것이기 때문이다. 자기를 버릴 때 세계는 동등한 가치의 연으로 평평해진다. 세계는 촘촘한 연의 거미줄로 덮인 것 외에 아무것도 아니다. 나도 그 연의 거미줄에 얽혀 가까스로 희미한 빛을 내고 있을 뿐이다. 그 빛을 끌 때 연은 사라진다. 나를 버릴 때 비로소 연은 사라진다. 색즉시공이다. 그러나 어떻게 이것이 가능하겠는가? 모두가 중생인데.

현대 분석철학의 결론 역시 이 점에 있어서 부처의 철학의 결론과 같다. 단지 철학은 논리학을 형이상학의 전제로 할 뿐이다. 분석철학자들은 자기 포기를 권한다. 자신을 세계 속에 함몰시켜야 한다. 우리는 세계로부터 독립하여 존재하지 않는다. 독립은 환상이다. 우리는 세계에 대해 안다고 생각해왔다. 그러나 경험론의 전면적인 대두에 따라 세계는 미지의 것이 되고 말았다. 우리가 세계의 일부분이 되었기 때문이다. 앞에서 말한 바와 같이 우리가 무엇인가를 묘사하기 위해서는 그 무엇인가의 밖에서 그것을 조망해야 한다. 우리가 세계를 묘사하기 위해서는 세계 밖에 있어야 한다. 그러나 우리는 세계의 일부분이다. 세계의 묘사는 불가능하다. 우리는 (분수를 모르고) 세계에 묻는다. 네 의미에 대해 말해 달라고. 그러나 세계는 침묵한다. 이 사이에서 인간은 방황하고 탄식한다. 이것이 소위 실존주의이다. 그러나 방황의 원인은 스스로를 비우지 못하는 자신에게 있다. 세계는 덧없다. 따라서 자신 역시 덧없다. 이것에 대한 깨달음과 실천이 아마도 부처가 말하는 '멸도'일 것이다. 이것이 가능할까? 불가능하다. 누구도 세계 속에 자신을 완전히 함몰시킬 수 없다. 그렇게 하려면 우리는 먼저 자아와 지성을 포기해야 하고 세계의 형식에 스스로를 맡겨야 하기 때문이다. 어느 누가 이것이 가능하겠는가?

노력 가운데 죽는 것이 인간이 할 수 있는 최선이다. 자아와 지성을 세계 속에서 지우려는 노력 가운데 죽어야 한다. 많은 사람이 수긍한다. 어떤 이는 그렇게 살고 있다고 말한다. 과연 그렇게 살고 있을까? 그렇다면 부처가 인연에 대해 그렇게 안타깝게 말하지는 않았을 것이다. 동물사회학자들이나 진화생물학자들의 견해를 참고하자. 혈연 간의 사랑에 입각해서

연산을 해보자. 자식은 자기 (이기적인) 유전인자의 1/2을 가지고 있다. 이 사람의 기대 수명을 40년 정도로 추정하고, 아이의 기대 수명을 70년 정도로 보자. 70 × 1/2 = 35이다. 따라서 양자택일이 제시되었을 때 부모는 자신의 죽음보다는 아이의 죽음을 선택한다. 자신의 기대 수명이 5년 더 기니까. 이러한 계산이 올바른 통찰 위에 기초한 것일까? 나는 부정하지 않는다.

자신과 관련하여 많은 것을 비웠다고 말하면서도 자식에 대해 비우지 못했다면 사실은 자신도 비우지 못한 것이다. 많은 경우에 혈연 간의 사랑은 단지 유전인자의 증식과 관련한다. 그렇지 않은 경우도 있다. 그러나 매우 드물다. 자신을 비우는 동시에 자식도 비워야 하기 때문이다. 아마도 가장 모진 인연은 자신과 세계 사이에 있고 다음으로 모진 인연은 자식과 세계 사이에 있을 것이다. 자식과 세계와의 연 — 자식과 자기와의 연과 같은 말이지만 — 은 자신을 세계에 일치시키는 데 있어서 가장 큰 장애이다. 그러나 이 정도의 통찰은 그나마 현대 철학에 스스로를 일치시킬 때에나 가능하다.

나는 혈연 간의 사랑이 진정한 사랑이 아니라고 말하고 있지는 않다. 내가 말하는 것은 단지 그것이 그 자체로서 사랑은 아니라는 것이다. 혈연 간의 사랑도 물론 승화될 수 있다. 나중에 말하겠지만 인연은 다 같은 인연이다. 모두가 거미줄에 걸린 벌레들이다. 누가 더 자신에게 가깝고 누가 더 자신에게 소중한 벌레이겠는가? 나는 혈연을 저버리면서 인연을 끊는 것이 올바른 해결책이라고는 믿지 않는다. 그 반대다. 혈연 간의 인연이나 다른 모든 인연에 어떤 종류의 차별성을 부여하지 않는 것이 사랑의 전제 조건이라고 말하겠다. 우리는 자신이 속한 연에 대해 최선을 다함으로써 연을 벗어난다. 그러나 그 최선은 모든 연은 다 같은 연이라는 전제하에서이다.

소 우 주

Microcosmos

인간 대부분은 전통적인 실재론에 매몰되어 있다. 실재론적 이념에 젖은 사람들은 자신을 세계에 대립시키고는 자신을 소우주^{microcosmos}라고 당당히 말한다. 우주도 소우주도 없다는 사실을 모르는 채로. 소우주의 의미는 스스로가 완결되고 자족적인 세계의 포괄자라는 것이다. 자신의 지성은 세계의 본질을 포착했고 세계는 거기에서 투사되었다. 지오토의 〈애도^{Lamentation}〉는 그 소우주의 당당한 등장을 알린다. 단일 시점이 도입된다. 모든 것이 나로부터 투사된다. 신의 왕관이 인간에게 주어진다. 이것이 르네상스의 인본주의이다.

이 소우주가 아리스토텔레스가 말하는 '부동의 동자^{Primum} Mobile Immotum'이다. 우리가 보통 '플라토닉 러브'라고 부르는 것은 단지 이러한 이상을 같이 향한다는 것을 의미한다. 물론 플라톤의 이데아나 아리스토텔레스의 부동의 동자는 인간을 의미하지 않는다. 그것은 단지 인간이 향해야 하는 어떤 지향점이다. 이를테면 건물의 투명하고 깨끗한 설계도이다. 인간 역시 육체 없는 영혼만이 되어야 한다.

이러한 이념에 젖은 사람들의 자식에 대한 사랑은 욕망을 이상주의로 덮는 종류의 것이다. 만약 그가 소우주가 되고자 하는 이상주의 가운데 산다면 그는 아이를 얻지 말았어야 했다. 언제나 문제는 불일관성과 혼란에서 발생한다. 오만에 휩싸인 이상주의자이면서, 또한 이상주의를 공언하며 아이를 얻는 것은 자기 이념에 대한 배반이다. 물론 세계 속에 자신을 밀어 넣는 사람들이 아이를 원하는 것도 모순이다. 이 문제에 관해서는 다음 장에서 자세히 기술하겠다.

소우주이기 위해서는 세계로부터 독립해야 한다. 세계를 탄생시키기 위해서는 스스로에게서 세계를 투사해야 하기 때문이다. 자신은 빛이고 세계는 흐릿한 빛과 전적인 어두움에 지배받는다. 세계의 모든 것은 자신의 빛에서 파생한 것이다. 설계도는 실제 건물에 손대지 않는다. 그것은 하찮은 노무자의 일이다. 스스로는 너무도 고결하고 투명해서 직접 나대지 않는다. 설계도와 건물은 질을 달리한다. 전자는 형상이며 후자는 형상이 질료에 투사된 것이다. 따라서 실제 건물은 형상을 지니고는 있지만 질료의 불가피한 첨가 때문에 불완전할 수밖에 없다. 어쨌든 설계도는 소우주의 고고함을 지닌다.

그러나 완전히 그럴 수는 없는 경우의 예를 들어보자. 뉴턴의 만유인력의 법칙은 $F = \dfrac{m_1 \times m_2}{r^2}$ 이다. 두 물체 사이에는 거리의 제곱에 반비례하고 두 물체의 질량의 곱에 비례하는 힘이 존재한다. (공식의 선명함을 위해 뉴턴상수 G는 생략했다.) 이제 소우주가 제시되었다. 이것이 천체 운동의 이데아이다. 개별적인 천체들은 모두 이 법칙에 따라 운동해야 한다. 이 법칙은 스스로 나서서 천체의 운동에 참견하지 않는다. 단지 고고하게 존재할 뿐이다. "나는 나이다I am what I am."라며. 이 것은 앞서 말한바 부동의 동자이다.

그 고고한 소우주가 어떤 천체의 운동에 참여한다는 것의 의미는 무엇인가? 스스로 나서서 어떤 항성과 행성 사이에 운동을 만든다는 것의 의미는 무엇인가? 그것은 결정적인 오류이다. 그것은 이 법칙이 더 이상 완결된 소우주가 아니라는 사실을 말한다. 공적인 것이 사적인 것에 참여했다면 그것은 더이상 공적이기를 그친다. 그것은 전적으로 닫힌 체제도 자족적인 체제도 아니었다. 꿈이 현실에 손을 내밀었다. 이제 꿈은 더 이상 꿈이 아니다. 잠에서 깨어나야 한다. 그럼에도 소우주임을 주장한다면 위선이다.

소우주는 공간적 완성을 의미한다. 엘레아 학파와 플라톤은 세계를 공간 속에 정지시켰다. 그들은 시간을 정지시켜 영원히 변화 없이 존재하는 이데아를 상정했다. 변화는 환각이다. 거기에 무변화의 고귀한 투명도가 존재한다. 변화를 겪는다는 것은 그것이 불완전하기 때문이다. 무변화의 이념이 '영원의 빛에 비추어서^{sub specie aeternitatis}'이다. 그러나 이 소우주가 갑자기 어느 쪽엔가 틈새를 만들었다. 그러고는 그만큼은 완결된 공간이기를 그치게 되었다. 이제 기만이나 정당화가

113

필요하다. 더 이상 소우주이기를 그쳐야 한다면 그때까지 들인 노력이 아깝다. 따라서 소우주들은 새로운 신성 가족the Holy Family의 이념을 만들어낸다. 그러고는 그 가족을 소우주에 새롭게 편입시킨다. 그러나 이것은 모순이다. 어떻게 합리화한다 해도 모순이다. 소우주이거나 아니거나이다. 제3지대는 없다.

생식세포의 자기주장은 이렇게 강하다. 소우주이기를 원하는 젊은이들은 자기 몸 안에 이미 불구대천의 원수를 지니고 있는바, 그것이 생식세포이다. 그들은 자기 오만에 대한 대가를 치러야 한다. 물론 생식세포를 잠재워서 화석화시키는 사람들도 있다. 그러나 그렇다 해도 그 세포가 없는 것은 아니다. 그것은 어둠 속에서 기회를 엿본다. 언제라도 소우주를 검게 물들이기 위해. 그것은 본래 없는 것이 아니라 단지 동면 상태이다. 그것은 분명히 존재하고 있다.

이제 스스로의 소우주의 계획은 실패로 끝나고 말았다. 공간은 시간에게 상당한 정도로 양보해야 한다. 공간적 완성의 실패를 시간적 연장으로 보상받는다. 이것이 그들의 본능

속에서 작동한다. 한때 고결한 이상주의자였던 젊은이들이 출산과 더불어 상당한 정도로 현실 세계에 물들어 가는 것은 이 때문이다. 만약 그들이 지성적 이상주의에서 오만과 불가능을 보았더라면 적어도 일관성은 가질 수 있었을 것이다. 그러나 혼란이 모든 것의 원인이다.

말한 바대로 지적 이상주의자들은 세계에 위계를 도입한다. 자신도 이 위계의 정점에 있고 싶어 했다. 그러나 생식세포에 많은 부분을 양도했다. 그렇다면 이제 소우주로 향하려 애쓴 자신을 끌어내린 새로운 소우주가 생겨나야 한다. 이 사람들은 자신들이 못다 이룬 공간적 완성을 자신의 아이에게 바란다. 이것은 물론 실패한 이상주의자에 대한 얘기이다. 공간적 손실을 시간적 연장으로 보상받으려는 시도를 한다. 타협이 생긴다. 인간적 약점이 언급되는 것을 꺼려 하며.

물 질 주 의 ;
유 전 인 자 의 번 성

Materialism; Flourishing of Gene

이제 인간군에 대한 고찰 중 가장 비극적인 양상을 살펴볼 때가 되었다. 자신의 세계관이 자신의 아이에게는 적용되지 않는다고 생각하지는 말아야 한다. 지적 이상주의자가 저지르는 오만이 최악이 아니다. 오만은 단지 지적 이상주의의 그늘이다.

상스러움 혹은 기만으로 덮인 물질주의적 천박함이 최악이다. 많은 사람이 물질과 물질적 향락에 큰 가치를 부여한다. 물론 이것은 취향의 문제이다. 법률을 어기지 않는 한 모든 세계관과 거기에 따르는 사회적 행위는 결국 취향의 문제로 귀결된다. 슬프지만 여기에도 위계가 존재한다. 솔직한 사람에서 위선적인 사람에 이르는. 철학적 경험론자들은 행복을 윤리의 목적으로 본다. 누군가가 물질과 그것이 주는 향락에서 행복을 느낀다면 그것을 부끄러워할 이유가 전혀 없다. 취향은 비난으로부터 자유롭다. 그러나 기만은 비난받는다. 그것은 삶에 해악을 끼친다. 우리의 판단력을 마비시키고 세계에 어떤 희망도 주지 않기 때문이다.

물질주의자들은 세계에서 스스로를 독립시키는 이상주의자와 세계에 스스로를 일치시키는 사람 양쪽 모두에 걸쳐 있다. 전자의 경우 그들의 이상주의는 통장 잔고에 찍히는 0의 자릿수로 향하고 후자의 경우 그들의 초연함은 이상주의의 결여와 감각적 쾌락으로 향한다. 전자의 이상주의는 자기기만이다. 그는 단지 금욕적 물질주의자이다. 현재의 쾌락을 희생시켜 미래의 쾌락을 산다. 만약 누군가가 자신의 우월성은 통장 잔고에 있다고 한다면 그에게는 돈이 이데아이다. 그는 0의 자릿수가 늘어나는 일이 발생할 때마다 위계가 상승하고 있다는 자부심을 가진다. 돈은 예비된 만족이며 일반화된 만족이다.

돈으로 안 되는 일은 없다. 돈이면 암탉 이빨도 산다. 그것이 가장 고귀한 가치 판단 기준이다. 의연한 자부심을 느낀다.

이것이 최악은 아니다. 최악은 그 사람들이 기만적일 때 발생한다. 그들은 사실은 물질적 성공이 최고의 가치라고 생각하면서 지적이고 감성적인 국면에서도 자신이 우월하게 평가받기를 원한다. 의대생이 대학 부설의 오케스트라 단원이 되기를 원한다. 혹은 인도주의적 연민이나 인품 때문에 의대에 지원했다고 말하고 또 그렇게 인정받기를 원한다. 인도주의적 이유였다면 의대에 입학하기보다는 고등학교 졸업 후 소말리아나 시리아에 가야 했다. 의술이 그 나라에서 더욱 유효하다고? 물론 그럴지도. 그러나 나는 이렇게 공언하는 사람들이 그 공언대로 행하는 것을 거의 보지 못했다. 슈바이처는 매우 드문 경우이다.

물질적 성공만으로 충분하지 않은가? 기업가라면 쓸데없이 문화단체에 기웃거릴 이유 없이 기업의 융성을 위해서 정진하는 것이 좋다. 의대생이라면 열심히 공부해서 유능한 의사가 되는 것이 좋다. 각자가 자기 영역에서 최선을 다하는 것이 서로를 위해 좋다. 삶의 물질적 융성은 이기심에 의한다. 각자가 이기적으로 자기 영역에 매진하면 된다. 물론 기업가의 문화단체나 의대생의 오케스트라가 기업과 공부에 매진하기 위한 휴식이라면 바람직하다. 그러나 그 사람들은 스스로에게 물어볼 노릇이다. 그것은 휴식인가, 허영인가?

지적 위계를 설정하는 사람들이 자기 자식이 지성적이기를 바라는 것과 마찬가지로 물질적 위계를 설정하는 사람들은 자기 자식이 사회적으로 성공하기를 바란다. 사랑이라는 이름으로! 이 둘은 심지어 섞이기도 한다. 이것은 그나마 그들이 기만적이지 않을 때 그렇다. 이면에 사회적 성공에 대한 욕망을 감춘 채로 지적 이상주의를 공언하는 사람들은 자식이 둘다 갖기를 원한다. 또한, 사회적 요구 이면에 지적 허영을 지닌 사람들 역시도 자기 자식이 사회적으로 성공하는 것 이상으로 지적 가치가 있는 젊은이가 되기를 바란다. 이 부질없는 노력이라니. 솔직하기가 그렇게 어려울까?

이상주의자들이 먼저 자신의 공간적 완성에 주력하는 반면에 물질주의자들은 자신의 유전인자의 번성에 주력한다. 동물사회학자들, 그중에서도 특히 진화생물학자들은 유전인자의 내적 번성에의 본능이 동물 — 인간을 포함한 — 등의 행동을 전적으로 규정한다고 설명한다. 그러나 이것은 인간성의 한쪽 측면에 대한 얘기이다. 인간에게 한편으로 다른 기타 동물에게 있는 속성이 있는 것은 맞다. 그러나 인간이 전적으로 동물은 아니다. 동물은 질료 그 자체이다. 그러나 인간에게는 질료와 동시에 그것에 대한 개념을 형성하는 지성이라는 것이 있다. 지성에의 경향, 이것이 인간의 본능 중 하나이다. 철학은 결국 인간 지성을 어떻게 규정하는가의 문제이다. 비트겐슈타인은 논리 형식을 인간의 본능으로 규정한다. 이 문제는 이 책의 후반에서 자세히 다룰 것이다.

물질주의자들에게 섹스는 어떤 의미일까? 물질주의자들은 거리낌 없이 스스로를 동물이라고 말한다. 물론 인간은 동물이다. 그러나 이들은 차별성과 차이를 혼동하고 있다. 인간과 동물 사이에 차별성은 없다. 모두가 우연히 존재하는 우연한 동물들이다. 동물에게는 세계로부터의 독립이라는 의지조차도 없다. 그러나 인간 내면에는 그것이 분명히 있다. 물질주의자들은 세계로부터의 독립에 대한 인간의 경향에 완전히 눈감는다. 그들은 지성에 일말의 의미조차 부여하지 않는다. 부여한다면 위선이다. 그들은 스스로가 동물임을 말하며 물질주의자인 자신을 합리화한다. 그러나 인간은 (인간을 제외한) 다른 동물이 될 수 없다. 이것은 침팬지나 바퀴벌레가 스스로가 아닌 다른 무엇이 될 수 없는 것과 같다. 이들은 동물로서의 자신을 말하며 겸허를 위장하지만, 사실은 단순히 감각적 향락주의자일 뿐이다. 이들의 상스러움은 이상주의자의 위선 못지않게 사람을 견디지 못하게 한다.

물질주의적 남자에게 다양한 섹스의 경험은 그를 승리자로 만들어주는 것이다. 남자들 사이에서 사랑에 대해 말해보라. 자신이 얼마나 많은 여성을 성적으로 매혹시켰는지 말하기에 얼마나 바쁜가. 이들은 자신이 지닌 성적 호소력에 대해 기염을 토한다. 그 역겨움이란. 여성들이 이들에게 섹스는 육체 이전에 혹은 육체와 함께하는 마음의 문제라고 아무리 말해도 소용없다. 물론 여성이 말하는 그 '마음'도 수상한 것이긴

하지만. 남자들에게 섹스는 노골적인 향락 이상도 이하도 아니다. 여성은 어떠한가. 그녀들 역시 시끄럽다. 그러나 그녀들은 섹스를 애정으로 덮는다. 그녀들은 사랑에 애정을 대입하는 것으로 섹스에 대한 얘기를 한다. 어느 쪽이나 자기 인식의 결여가 개탄스럽다. 엄밀하게는 남성의 섹스는 즉각적 향락이고 여성의 섹스는 유예된 향락일 뿐이다.

예술 양식에의 유비

고대 그리스와 로마의 예술 양식을 살펴보면 우리는 두 양식이 상반된다는 사실을 곧 발견할 수 있다. 우리가 '자식에 대한 사랑'이라고 부르는 감정은 여기에서도 그 양상을 달리해서 나타난다. 거듭 얘기하지만, 자식에 대한 사랑은 다른 모든 사랑이 그렇듯 사랑이 아닌 다른 어떤 것으로 소급된다. 물론 이것은 또한 다른 모든 사랑이 그렇듯 진정한 사랑 — 이 책의 마지막에서 논의될 — 으로의 승화에 이를 수도 있다. 나는 혈연 간의 사랑의 일반적 성격에 대해 말할 뿐이다. 내가 여기에서 말하고자 하는 것은 단지 일반적으로 사람들이 사랑이라고 부르는 것이 사실은 사랑이라고 불릴 수 없는 다른 어떤 것이라고 밝히는 것이다. 이것은 또한 사랑이 존재하지 않는다는 얘기는 아니다. 신과 아름다움이 어쩌면 존재할 수 있듯이 사랑도 존재할 수 있다. 이것과 관련해서도 마지막에 얘기할 것이다. 나는 사랑을 포착하고자 하지 않는다. 단지 어쩌면 그것일지도 모르는 것에 대한 우리의 어떤 경향성과 심적 희구에 대해서 말하고자 할 뿐이다. 그리고 그것을 향하는 우리의 결의와 노력에 대해서도.

고대 그리스의 예술은 소위 고전주의 양식에 속한다. 고전주의 양식은 세계에 대립한, 세계로부터 독립한 인간을 가정한다. 그들의 예술은 세계에 대립한 인간이 어떠한 예술 양식을 가지게 되는지를 보여준다. 그리고 이것에 관한 탐구는 하나의 예술 양식과 그 양식의 담당자들이 그들의 혈연적 후손에 대해 어떤 종류의 사랑을 보여주는가를 우리에게 시사한다.

우리의 주제와 관련하여 살펴보았을 때 고대 그리스인들

▲ 젊은 사냥꾼의 묘비

의 예술에는 어린아이가 묘사되어 있지 않다. 이것은 자못 놀라운 사실이다. 물론 다른 양식에서도 어린아이가 주제인 예술 작품은 상대적으로 적긴 하다. 그렇다 해도 고대 그리스의 예술만큼은 아니다. 그들은 예술에서 어린아이를 철저히 배제시킨다. 단 하나의 예외가 있다. 고전주의 말기의 한 젊은이를 위한 묘비에 어린아이가 등장한다. 그러나 그나마도 한쪽 구석에 조연으로 웅크리고 있다.

말한 바와 같이 소우주에 대한 희구를 가진 사람들은 스스로의 완성을 추구해가는 가운데 스스로를 닫히고 완결화된 체계로 만들고자 한다. 이때 아이들은 장애물일 뿐이다. 또한, 아이들의 존재 의의는 — 만약 존재 의의가 있다면 — 그들 역시 도달해야 할 이데아를 내재한 존재라는 데 있다. 아이 그 자체로는 아무 의미가 없다. 소포클레스의 오이디푸스는 자신의 불행에 뒤따르게 될 아이들의 고통과 비관적 미래에 대해 커다란 슬픔을 서슴없이 내비친다. 그러나 이것조차도 성장한 아이들의 삶에 대한 비판이다. 누가 그들을 사회의 일원으로 받아주겠으며 누가 그들과 결혼하겠느냐고.

고전주의자들에게 어린아이의 의미는 예정된 성인이라는 것 외에 없다. 어린아이는 그 자체로서는 무의미하다. 어린아이의 성장 과정은 중요하지 않다. 만약 그것 없이도 성인의 이데아에 도달할 수 있다면 없는 것도 괜찮다. 따라서 자식을 향한 그들의 사랑은 냉담한 편이다. 아이는 그의 완결성을 훼손시킨 채로 태어났다. 아이가 보여주는 순간순간은 그에게는 무의미하다. 그는 자신의 이데아를 실현해야 한다. 여기에서는 노년도 그렇게 내세울 만한 것이 아니다. 쇠락의 길로 접어든 것이기 때문이다. 따라서 이러한 세계관에서의 혈연의 사랑은 규범적이고 이상주의적인 것이다. 물론 아이들은 사랑스럽다. 그러나 어린아이로서 사랑스럽지는 않다. 예정된 성인으로서 사랑스럽다. 이것이 사랑일까?

나는 계속해서 사랑을 규정할 수는 없다고 말하고 있다. 마찬가지로 그것이 그리스인들의 혈연에 대한 사랑이건 로마인의 사랑이건 우리가 그 경계를 규정하고자 할 때, 그것은 사랑이 아니다. 사랑은 고유의 어떤 것이어야 한다. 그것은 원초적 개념primitive idea이어야 한다. 그러나 그들의 사랑은 그러하지 않다. 그들의 사랑은 원초적 개념일 수 없다. 말해질 수 있는 사랑이기 때문이다. 그것이 다른 어떤 것으로 드러나면 사랑이 아니다. 사랑이라는 애매한 말을 위장하는 다른 어떤 것이다. "우리 언어는 사유를 위장한다Our language disguise thought."(비트겐슈타인)

그리스인의 혈연에 대한 사랑도 사랑은 아니다. 그것은 단지 자기 혈연의 이상적 모습을 상상 속에 그리며 완성을 희구하고 독려하는 것이다. 이러한 것은 사랑이 아니다. 사랑의 파생물조차도 아니다. 엄밀한 의미에서는 그들에게 혈연에 대한 사랑조차 없다. 차라리 이데아에 대한 사랑은 있을지언정. 물론 이데아에 대한 사랑도 의심스러운 것이지만. 플라톤은 〈향연〉에서 그러한 사랑에 대해 말하고 있다. 고대 그리스인들의 유아 살해는 그렇게 드문 일이 아니었다. 그것은 인구 조절의 한 방법이었다.

혈연에 대한 로마인의 사랑은 어떠한 것일까? 놀랍게도 아이들에 대한 이들의 태도는 그리스와는 현저히 상반된다. 이들은 그들의 공적 기념비에도 아이들을 스스럼없이 드러낸다. 유명한 〈평화의 제단Ara Pacis〉의 부조에는 할아버지, 아버지, 아들, 며느리, 아이들 등이 모두 열을 지어 제단에 다가가는 모습이 묘사되어 있고 더구나 세 명의 아이는 장난을 치고 있다. 로마인들은 아이를 그 자체로서 묘사한다.

이것이 '세계 속에 함몰된 인간'이라는 세계관에 속한 사람들의 후손에 대한 태도이다. 그들은 공간적 단일성을 구하지 않는다. 그들은 차라리 시간적 영속성을 원한다. 그들에게 공간적 완성이란 없다. 모든 것이 흐르는 시간의 한 부분일 뿐이다. 이들은 물론 세계 속에 스스로를 전적으로 지우지는 못한다. 이들에게도 지성에 대한 희미한 추구는 있을 테니까. 이들은 단지 물질주의자일 뿐이다. 이들에게는 정신적 이상주의가 없을 뿐이다. 그리스인들이 그들의 후손을 불가피한 인간약점으로 간주하고자 했을 때 로마인들은 오히려 후손이 있음으로써 자신의 가치가 고양되며 삶 가운데에 자기 위치를 차지하게 된다. 트라야누스 황제의 전승 기념주는 이백 개가 넘는 다키아 전역 장면의 연속으로 이루어져 있다. 전쟁이란 이렇게 시간적 전개를 따라간다. 거기에는 어떤 결정적이고 장엄한 전투가 없다. 장병에 대한 황제의 독려, 도하, 병참, 진지

▲ 아라 파키스의 남쪽 부조

▲ 다키아 원정 기념주(세부)

의 구축, 병영에서의 활동, 전투, 항복 조건 등이 모두 제각기 중요한 것으로서 시간적 흐름에 따라 차례로 기술될 뿐이다.

누군가는 여기에서 굳이 결정적인 전투 장면을 찾으려 애쓸 것이다. 그러고는 그 평이함에 놀랄 것이다. 로마는 전투도 행군이나 병참과 같은 것으로서 모두 전쟁에서 각각의 비중을 가진 하나의 요소로 보았다. 아이도 마찬가지이다. 그들의 삶도 다른 어른의 삶과 마찬가지로 삶의 한 양상이다. 그것은 긍정되지도 부정되지도 않는다. 단지 거기에 삶의 한 요소로 있을 뿐이다. 로마인들은 삶의 물질적이고 감각적인 측면을 긍정도 부정도 하지 않았다. 중요한 것은 삶의 전쟁에서 이기는 것이고 유전인자를 번성시키는 것이다.

3 애정

Affection

두 근 거 림

Heart Beating

애정은 일반적으로 가장 소중한 것으로, 그리고 가장 가치 있는 것으로 말해지는 사랑이다. 여기에는 열정, 무아, 도취, 희생, 두근거림, 초조함, 실망, 질투, 절망, 탕진 등의 모든 것이 포함된다. 이것은 너무도 범람하여 이제 무엇을 지칭하는지조차 모르게 되었다. 누구나 사랑을 권하고, 사랑을 하고 있고, 사랑에 실망하고 있다. 우리는 생명이 있는 한 사랑한다고 말한다. 적어도 이것이 사랑이라고 말해진다. 나는 언젠가 50대 초반의 독신 여성이 다음과 같이 말하는 것을 들었다.

"나는 아직도 기다리고 있어. 어떻게 포기할 수 있어? 그것을 포기하는 건 삶을 포기한 거야. 나는 내게 나타날 누군가를 그리워하고 있어. 미리 그리워하는 거지. 나한테 사랑하기에 너무 늙었다는 건 없어."

이 나이 든 여성은 아직도 두근거림을 기다리고 있다. 사랑에 대한 요구는 이와 같다. 나는 또한 10대의 한 소녀가 마구 울고 흐느끼며 호소하는 것을 (실례되게도) 들은 적이 있다.

"너 어떻게 그럴 수 있어? 말해줬어야 하잖아. 두 시간이나 기다렸어. 다시는 만나기 싫다고? 네 맘대로야? 네 맘대로냐고? 내 생각해본 적은 있어?"

그 소리에 나의 마음은 아득한 어둠에 잠기고 말았다. 흐느낌 속에서 내게 전해지는 고통이 폐부를 찔렀다. 그것은 얼마나 큰 고통일까. 그 소녀는 얼마나 오랫동안, 얼마나 깊게 고통받을까. 젊은이들의 실연을 옆에서 지켜볼 때에는 내게도 큰 고통이 전해진다. 그녀는 아마도 계속해서 전화기를 지켜볼 것이고, 수업 시간에는 흐릿한 칠판 속에서 그 녀석만 보일 거고, 등하굣길에 우연히 만날 것을 기대하며 모든 남학생을 살필 것이다. 그 아이가 순수하게 열정적인 소녀라면. 그리고 상당한 시간이 지나면 점차 그 열정을 잃어갈 것이다. 그때 헤어진 것이 차라리 잘된 일이라고 생각하며.

남녀 간의 사랑에는 모든 것이 있다. 환희, 약동, 위축, 절망, 기대…. 삶의 여러 양상 중 거기에 없는 것이 무엇일까? 심지어 우리가 사랑이라고 말할 때 거기에 제한사가 붙지 않는다면 그것은 무조건 남녀 간의 사랑으로 간주된다. 물론 이 사랑에는 동성애도 포함된다. 남성의 육체에 갇힌 여성이 있고, 여성의 육체에 갇힌 남성이 있다. 여성들이나 남성들 모두 사랑하기를 원하고 사랑받기를 원한다. 도대체 이 사랑의 정체는 무엇인가? 이것이 사랑이기는 한가? 누군가 말 잘하는 사람이 이 사랑의 정체에 대해 말해주면 좋겠다.

레이먼드 카버는 〈사랑을 말할 때 우리가 이야기하는 것〉에서 여러 사랑을 말한다. 그는 단지 사랑이라고 불리는 것들의 기괴하고 전도된 양상을 기술한다. 그러나 거기서 새길 만한 말이 있다. 주인공 멜은 말한다.

"사랑에 관해 뭔가 아는 것처럼 말할 때 우리는 모르는 것에 대해 이야기하는 거야. 부끄러워할 줄 알아야 해."

멜의 입을 빌려 사랑에 관해 말한 이 예술가의 통찰처럼 날카로운 것이 있을까?

만약 사랑이 그 자체로 '무엇'이라고 한다면 원초적인 개념이어야 한다. 그렇지 않다면 그것은 다른 무엇이 적당히 버무려진 것이다. 물리적으로 버무려지든 화학적으로 버무려지든. 비빔밥은 그 자체로 원초적인 것은 아니다. 그것은 여러 것을 섞은 것일 뿐이다. 그것이 비빔밥이 원초적인 음식이라고 말해지지 말아야 하고 불가분의 어떤 것이라고 말해지지 말아야 할 이유이다. 원초적인 것은 섞이는 양상에 따라 변화해서도 안 된다. 물 분자가 고유의 어떤 것인가? 그렇다면 변덕스러워서는 안 된다. 끓어서도 안 되고 얼어서도 안 되고 단지 스스로여야 한다.

남녀 간의 사랑이 얼마든지 다른 사람에게 옮겨갈 수 있고 시간에 따라 거기에 부여하는 의미가 생생해지거나 퇴색된다면 그것이 어떻게 원초적인 것인가? 분석될 수 있거나 변화할 수 있다면 그것은 사랑이 원초적인 것은 아니라는 사실을 말한다.

이제 우리에게는 양자택일이 남아 있다. 사랑이 본래 없거나 아니면 우리가 아직도 사랑으로 불리는 것의 정체에 대해 모르고 있거나. 어쩌면 사랑이 존재하고 있고 또 다들 그것에 대해 알고 있지만, 거기에서 애써 눈을 돌리고 있는지도 모른다. 누가 부처와 예수의 사랑에 대해 모르는가? 부처가 중생의 고통에 대해 말할 때, 예수가 "너의 이웃을 사랑하라."고 말할 때 그것이 사랑이 아니라면 무엇인가? 나는 그것이 사랑이라고 생각한다. 나는 사랑의 존재를 믿는다. 단지 그것은 나의 믿음일 뿐이다. 나는 계속해서 사랑은 침묵 가운데 지나쳐야 할 것이라고 말하고 있다. 확실히 그렇다. 우리는 사랑 자체를 포착할 수 없다. 그러나 나는 사랑 이외에 다른 무엇이라고는 말할 수 없는 어떤 것이 있다는 것 또한 느낀다. 나는 이것을 묘사할 수 없다. 그것은 나를 초월한다. 그러나 나는 그 '어떤 것'을 때때로 희구하는 나를 발견한다. 이것이 사랑이 아닐까? 부처와 예수가 말하는 그 사랑. 이것이 책의 마지막 부분의 주제이다.

남녀 간의 사랑 역시도 실체적인 것으로서의 사랑은 아니다. 모두가 사랑에 대해 말한다. 나는 어떤 여성 작가가 다음 작품을 계획하고 있다고 할 때 물은 적이 있다.

"사랑에 대한 얘기인가요?"

사실 나는 이 여성의 '사랑'에 지긋지긋해하고 있을 때였다.

"물론 사랑에 대해서이죠. 이 세상에 사랑을 빼고는 무엇이 있겠어요? 모든 예술은 다 사랑에 관한 것 아닌가요?"

나는 마음속으로 대답했다.

'몬드리안의 추상화나 존 케이지의 음악은 어떤 종류의 사랑이오? 하이든의 현악 4중주나 오라토리오는 도대체 어떤 종류의 사랑이오? 당신은 도대체 생각이란 걸 하고 말하는 거요? 대뇌가 없는 거요, 전두엽이 없는 거요? 돈 벌면 먼저 두뇌부터 사시오.'

자기가 무엇을 알고, 무엇을 모르는가를 아는 것이 지혜의 첫걸음이다. 알지 못하는 것을 말하는 것보다 더 역겨운 것은 알 수 없는 것을 말하는 것이다.

어떻게 다들 이런 종류의 사랑에 대해서는 전문가들인가? 사랑이라는 말이 나오면 왜 그렇게 좌중이 시끄러워지는가? 왜 듣는 사람은 없고 지껄이는 사람만 있을까? 왜인지를 알 것 같다. 그것은 침묵해야 하는 주제이기 때문이다. 침묵 속에서 지나쳐야 하는 것에 대해 말할 때, 모든 사람은 그것에 대해 전문가가 된다. 실증적이기 때문에 답변이 이미 존재하는 문제에 대해서는 모두 침묵한다. 그러나 모르기 때문에 침묵해야 하는 주제에 대해서는 떠들어댄다.

그러나 이들이 말하는 '자신의 사랑'은 사실 전부의 사랑도 아니고 사랑 그 자체도 아니다. 모두가 남녀 간의 관계로 기대와 환희에 들뜨기도 하고 분노와 절망을 겪기도 한다. 그러나 그것은 자기의 것이다. 그리고 대부분 얄팍한 환상과 광기와 집착에 지나지 않는다. 생식과 보살핌을 전제로 하는 사랑들. 이기심과 어리석음을 바탕으로 하는 남녀 간의 관계들.

여 자 의
사 랑

Women's Love

여자의 "사랑한다."는 말과 "사랑하느냐?"는 물음은 무엇을 의미할까? 여자는 그 말을 기다리고 자신도 할 수 있게 되기를 바란다. 그리고 이어서 구혼을 기대한다. 만약 남자가 상당한 정도로 자기 기준에 맞으면 이러한 말들의 연쇄를 기다린다. 여자는 어떤 남자와 교제를 시작하고 그것이 상당 기간 지속되면 그것을 사랑이라고 부르기 시작한다. 거기에 이제까지와는 다른 어떤 특별한 것이 있다는 듯이.

여성이 말하는 사랑에는 일반적으로 다정함, 배려, 관심, 섹스 등이 버무려져 있다. 그녀는 이것들 모두가 사랑이라고,

혹은 그것으로부터의 결과라고 부른다. 최소한 그것들 전부가 어떤 중요하고 본질적인 것에서 파생된다고 생각한다. 사랑이라는 이데아에서 이것들 모두가 연역된다. 사랑이 이것들의 제1원인이다. 마치 만유인력의 법칙에서 천체의 운동 모두가 연역되듯이.

그녀가 사랑이라고 부르는 것과 위에서 말한 심적 혹은 육체적 태도는 인과관계에 있게 된다. 기하학의 모든 정리는 다섯 개의 공준에서 유출된다. 그 공준이 최초의 원인이며 나머지 것들은 그 원인의 우연적 결과일 뿐이다. 여성들은 위의 여러 요소 중에서 어떤 한둘이 결여되었다 할지라도 사랑만 있으면 문제될 것이 없다고까지 생각한다. 따라서 많은 여성은 남성의 용모와 나이를 중요하지 않게 생각한다. 마음속에 진실한 사랑만 있다면. 이것이 '미녀와 야수'가 가능한 이유이며, '국경을 초월하는 사랑' 역시 그래서 가능하다.

분석을 진행해보자. 여성의 사랑은 많은 진화생물학자들과 동물사회학자들에 의해 분석되어 왔다. 여성의 사랑에는 배타성과 시간이 매우 중요한 요소로 작동한다. 기본적으로 남자의 부정을 용납하지 않는다. 그 남자는 나만의 것이어야 한다. 또한, 그 사랑은 영원해야 한다. 적어도 아이를 키울 시간 동안은. 위 학자들의 견해대로 모든 인간 행동이 자기 유전인자의 증식을 목적으로 한다고 가정하면 여성의 행동에 대한 이유는 간단히 밝혀진다. 인간 아이를 성숙시키는 것에는 상당한 노력과 시간이 필요하다. 갓 태어난 사슴은 곧 걷는다. 새끼 늑대들은 어미가 사냥 나간 동안 포식자에게 감지되지 않도록 조용히 있는다. 이것이 동물의 본능이다. 또한, 어떤 동물도 자기 새끼를 독립시키는 데 있어 인간만큼 오랜 시간을 요구하지 않는다. 인간은 새끼를 독립시키는 데 십수 년이 필요하다.

아이는 암컷의 것이다. 난자는 정자보다 비싸다. 비교 자체가 불가능할 정도로 비싸다. 한 여성이 평생에 걸쳐 생산할 수 있는 난자는 겨우 수백 개에 지나지 않는다. 그에 비해 정자는 세는 것이 의미가 없을 정도이다. 난자는 영양 덩어리이다. 그것은 배아의 복제를 위한 준비된 영양 덩어리인 동시에 씨앗의 반이지만, 정자는 단지 자신의 유전인자를 난자에 심어줄 절반의 씨앗일 뿐이다. 그것은 어떠한 질료도 가지지 않은 형상에 지나지 않는다. 난자를 밭에, 정자를 씨에 비유하는 것은 그렇게 잘못된 비유는 아니다. 물론 난자도 형상을 가진다. 그러나 그 형상은 질료라는 풍요로움 속에 심어져 있다. 생식이라는 행위 자체가 인간 세계에의 함몰이라는 사실을 헤아리면 적어도 일반적인 견지에서의 동물의 난자가 가진 위력이 정자의 것보다 훨씬 크다는 사실을 곧 알 수 있다.

이제 다음의 세 가지 사실을 고려해야 한다. 먼저, 수적 제한을 가진 비싼 것과 값싸고 무한한 것이 거래된다는 것이다. 두 번째로는, 생식과 출산과 육아와 아이에 대한 권리는 일단 모두 여성의 것이다. 본능은 그렇다고 말한다. 영양 덩어리를 더 많이 희생해야 하는 쪽이 당연히 후손에 대해 더 많은 애착과 관심과 책임을 가지게 된다. 세 번째로는, 새로운 유전인자를 존속시키는 데 혼자 힘만으로 부족하다는 사실이 남는다. 인간은 유아기에 완전히 무력하며 (혼자 남겨질 경우) 곧 포식자의 먹이가 되며 홀로 생존이 가능할 때까지 성숙하는 데

오랜 시간이 요구된다. 결국, 암컷은 아이에게 십수 년을 희생해야 자기 유전인자를 증식시킬 수 있다. 그 희생은 다른 동물의 경우보다 상당히 오랜 기간 지속되어야 한다. 수컷의 도움은 필수적이다. 아이가 완전히 부모에게서 독립할 수 있을 때까지.

대부분의 동물은 발정기라고 하는 한정된 시간 동안에만 성적 행위를 한다. 그러나 인간은 대부분의 시간 동안 성적 행위를 한다. 이것은 암컷이 주는 보상이다. 수컷으로 하여금 충실하게 사냥을 해오게 하는.

여성의 사랑은 여기에서 독립하지 않는다. 남성의 구애 행위를 오래 지켜보는 것, 남성과 상당 시간의 연애를 거치는 것, 그의 지속적인 애정을 요구하는 것, 다른 여성에 대한 완전한 무관심을 확인하는 것 등은 모두 이것과 관련한다. 여성이 어떤 남성에게 "사랑한다."고 말한다면, 거기에는 남성의 충실성에 대한 확인이 전제되어 있다. 그러나 이것이 여성의 사랑 전체는 아니다.

여성은 또한 자신의 난자와의 결합에 의해 다른 개체에 비해 더 많은 생존 가능성을 가질 정자를 원한다. 이제 성적 매력의 문제가 선행된다. 성적 매력의 이유에 대해서는 많은 말이 있었다. 아마도 쇼펜하우어가 성적 매력의 이유에 대해 말한 최초의 사람일 것이다. 그는 성적 매력의 동기는 생존력이 강한 후손에 대한 감춰진 본능에 의한 것이라고 말한다. 즉, 여성은 자신의 난자와 결합했을 때 생존 확률이 더 높아지는 정자를 원한다는 것이다. 이러한 통찰에는 상당한 날카로움이 있다. 동물의 세계에서는 발정기가 되면 수컷들이 일제히 암컷을 얻을 기회를 엿본다. 수컷들은 암컷보다 화려하다. 이것 모두는 암컷에의 호소력 때문이다. 선택권은 암컷에게 있다. 여성들은 마치 최후에 생존하는 검투사에게 상품과 자유를 보장해주는 고대의 황제와 같은 입장에서 수컷들의 검투를 지켜본다.

동물의 경우에는 대체로 생존의 조건은 단일하다. 그것은 단순히 물리적인 것이다. 생존을 위해 힘이 요구되는 종에 있어서는 수컷 간의 힘겨루기로 결판나고, 비행의 민첩성과 활

발함이 요구될 때에는 거기에서 역량을 보이는 — 어떤 수단에서건 — 수컷이 선택된다. 인간은 문명을 끌어들였다. 그로 인해 선택의 기준이 다양해졌다. 어떤 여성은 물리적 힘을, 어떤 여성은 지능을, 어떤 여성은 야비함과 교활함을, 어떤 여성은 성실함과 정직함을, 어떤 여성은 선을 기준으로 삼는다. '선함'의 경우는 온순하고 선한 유전인자가 거칠고 악한 유전인자에 비해 경쟁력이 떨어지지 않는다는 사실을 고려하자. 그 유전인자가 궁극적인 경쟁에서 이기는 경우가 많다. 자기를 향하는 다른 유전인자의 공격성을 완화시키고 또 다른 유전인자의 도움을 더 받을 수 있기 때문이다.

이러한 선택의 기준은 그 여성의 세계관에 따른다. 먼저 여성의 선택 기준은 크게 둘로 나뉜다. 하나는 자신을 향한 것이고 다른 하나는 후손을 향한 것이다. 이기적이고 철저히 물질적이고 근시안적인 심성을 가진 여성은 전자를 남성의 선택 기준으로 삼는다. 그 여성에게는 원대함이 없다. 단지 자신의 향락과 허영의 충족이 더 중요하기 때문이다. 이러한 결혼이 보통 정략적인 결혼이라고 불린다. 그것이 강제로 행해지는 것이 아니라 여성 스스로에 의해 행해질 경우, 이런 여성은 후손의 경쟁력에 대해서는 관심이 없다. 물론 그녀도 자기 아이에게 관심을 가진다. 그러나 아이를 위해 스스로를 희생하지는 않는다. 자기 삶이 먼저이고 그다음 아이의 삶이 있다. 이때 남성 고유의 성적 매력은 크게 문제 되지 않는다. 단지 그 남성의 물질 혹은 물질에 대한 가능성을 보기 때문이다. 물론 이것조차도 성적 매력이라고 한다면 어쩔 수 없지만. 금력과 관련해 큰 가능성을 가진 성적 매력이 없는 남성과 인품에 있어서 형편없지만 껍질은 그럴듯한 여성의 결합은 그렇게 드물지 않다. 사실은 매우 일반적이기도 하다. 위에서 말한 동기가 그렇게 드문 것이 아니기 때문이다. 이러한 여성은 자신의 물리적 모습 ─ 얼굴과 육체 ─ 을 가꾸는 것 외에는 별로 관심을 기울이지 않는다. 대체로 돈 문제에 있어서 경쟁력 있는 남성이 외모에 있어서 경쟁력 있는 여성을 택하기 때문이다. 이것은 전도된 '미녀와 야수'이다. '비천한 여성과 무식한 부자'의 얘기라고나 할까.

두 번째 선택 기준을 보자. 어떤 여성은 개체로서의 자신보다는 종의 일부로서의 자신을 먼저 본다. 이때 그 여성의 시야는 자못 넓다. 종 일반의 개선에 대한 가능성이 성적 매력이다. 그러나 이러한 원대함은 하나의 목표를 향하지는 않는다. 이 여성은 자신의 향락과 번성 이상으로 후손의 번영에 관심을 가진다. 이때 선택 기준은 비가시적 성격을 가진다. 말한 바와 같이 이러한 여성은 당장의 생존보다는 먼 훗날까지의 생존을 중하게 여긴다. 장기적인 안목에서 보자면 현대의 금력은 미래의 지성에 비해 매우 위험한 것이다. 전락한 부자의 얘기는 매우 흔하다. "창립보다 수성이 어렵다."는 말처럼.

어떤 여성은 남성의 허우대를 먼저 본다. 그것이 좋은 남성에게서 성적 매력을 느낀다. 근육질의 후손을 얻기 위해. 물리적 힘이 번성의 조건이므로. 이러한 여성은 대체로 무식하거나 무교양하다. 감히 판단하지는 않겠다. 유식이 무식보다 낫거나 교양이 무교양보다 낫다는 얘기는 아니다. 그것을 누가 알겠는가? 어쨌든 이 여성도 선택의 기준을 스스로에게보다는 후손에게 둔다. 이러한 여성은 그 본능에 있어서 동물들의 그것과 크게 차이가 없다. 많은 종의 동물들에게 암컷을 차지할 권리는 힘의 우월에 있다. 암컷은 수컷들의 싸움을 우두커니 바라본다. 가장 강한 힘을 가진 수컷의 유전인자를 받기 위해. 뼈와 근육을 남성 선택의 기준으로 삼는 여성은 이 점에서 그러한 동물과 다르지 않다. 인간이라는 종 역시도 동물의 일원이라는 본능하에.

다른 어떤 여성은 지적 역량을 선택의 기준으로 삼는다. 이 여성은 지성적인 남성을 원한다. 그러나 지성은 무엇인가? 좋은 학벌이 그것을 보증하는가? 전교 1등이 가장 지성적인 사람인가? 지성을 구하는 많은 경우의 여성이 이것을 기준으로 삼는다. 그러나 성적과 지성은 같은 말이 아니다. 그렇다면 그 많은 수석들은 다 어디로 갔는가? 단지 사회적으로 출세한 경우 외에는. 칸트나 아인슈타인이나 비트겐슈타인 같은 과학자와 철학자 — 20세기 최고의 지성이라 할 만한 — 가 학교 공부에 있어서는 상당한 정도로 무능했다는 사실은 어떻게 해명되는가? 만약 지성이 칸트가 규정하는 소위 '순수이성pure reason'을 의미한다면 학교 공부와 지성은 상당한 연관성을 가진다. 추상화 능력 없이 공부를 잘하기는 힘들기 때문이다. 또한, 이러한 종류의 지성이 가진 이점은 그 소지자의 성실성을 보증한다는 사실이다. 성실함 없이 학교 공부를 잘하기는 힘들다. 끈질기고 악착같은 성적에의 욕심과 그 성취가 학교 성적을 좋게 한다. 지능과 끈기에 의해 학교에서의 성취가 보장된다. 이들은 또한 대부분 모범적이고 반듯하다. 좋은 성적을 위해서는 이것도 필요하기 때문이다.

이러한 것을 성적 매력으로 보는 여성은 화려하지는 않지만 상당한 정도의 안정을 누리고 산다. 또한, 자부심과 우월감을 가지고 산다. 남성의 학습 능력에 대응하는 자기의 가치를 매 순간 확인하며. 의사, 법관, 회사원, 연구원 등 상대적으로 안정된 직업의 남편이 주는 요소들을 누리며. 그러나 이러한 기준만이 그녀들의 선택의 유일함은 아니었다. 공부를 잘하는 유전인자는 공부를 잘하는 유전인자를 복제해낼 가능성이 상대적으로 높다. 따라서 그녀의 아이와 그 아이의 아이, 또 그 아이의 아이 등에게로 지성이 이어질 가능성이 높다.

교양을 선택 기준으로 삼는 여성에 대해 말해보자. 많은 사람이 지성과 교양을 인문적인 추구로 보지만 사실은 이 둘은 서로 독립한다. 이를테면 예술 등을 매우 하잘것없고 쓸모없는 것으로 치부하는 공부 잘하는 남성도 있고, 예술과 기타 인문적 소양에 높은 가치를 부여하지만 학교 공부에는 큰 성취를 내지 못하는 남성도 있다. 물론 학업과 교양이 서로 모순되지는 않는다. 그러나 그 둘은 서로 관련이 없다. 논리학의 용어로 말하자면 그들은 서로 독립한다. 따라서 질투 나게도 양쪽 모두에서 역량 있는 남성도 있다.

교양에의 열정은 무엇을 의미하는가? 그것은 물질에서 얻는 향락을 정신에서 얻는 것으로 대치하는 것이다. 에피쿠로스가 말하는 쾌락이 그러한 종류이다. 이것은 물론 사회적 패배를 교양에의 추구로 변명 삼는 사람에 관한 얘기가 아니다. 드문 예이긴 하지만 사회적 추구와 관련 없이 교양에서 즐거움을 얻는 사람들이 있긴 하다. 그것이 삶을 진정으로 풍요롭게 하기 때문에. 이러한 추구는 물론 남에게 자랑하기 위해서도 과시하기 위해서도 여성을 유혹하기 위해서도 아니다. 어떤 여성은 이러한 추구에 매혹된다. 남성의 교양에 대한 진정한 추구는 낚시터에서 물고기를 건져내듯이 이것에 호의를 지닌 여성을 낚기 위한 것이 절대로 아니다. 여성에게 교양 있어 보이려는 교양은 이미 교양이 아니다. 그것은 절대로 교양이 될 수 없다. 단지 속물근성 중의 속물근성이다. 그것은 스스로의 내부로부터의 교양이 아니기 때문이다. 진정한 교양은 먼저 스스로일 수 있다는 것을 전제한다. 거기에 다른 불순물이 섞이면 안 된다. 이것은 얼마나 드문 예인가!

이 교양에의 추구에 몰두하는 남성에게 성적 매력을 느낀다는 것은 어떤 이점 때문인가? 교양이야말로 미래를 위한 현재의 전적인 희생이며 전체를 위한 자아의 전적인 희생이다. 그것은 유식을 위한 것이 아니라 유능성을 위한 것이며, 단기적인 승리가 아닌 궁극적인 승리를 위한 것이다. 교양은 대뇌 피질을 위한 것이 아니라 전두엽을 위한 것이다. 따라서 배움과 습득의 문제가 아니라 종합력과 창조력의 문제이다. 이것은 작은 전투에서의 승리를 위한 것이 아니라 큰 전쟁에서의 승리를 위한 것이다. 오히려 교양을 추구하는 사람은 왕왕 스스로의 전투에서는 패배한다. 교양은 느긋하며 원대하다. 그것의 추구에 몰두하는 사람은 현실에서의 작은 전투들을 치사하고 조잡한 것으로 여긴다. 많은 철학자와 예술가들이 결국 독신으로 죽거나 후손을 보지 못하는 경우는 스스로가 현실의 삶에서 패배할 가능성이 높다는 사실을 알기 때문이기도 하다. 또한, 여기에 자기 삶 전체를 맡길 정도로 후손의 개선에의 의지를 가진 여성이 소수이기 때문이기도 하다.

어떤 여성이 여기에 강렬한 성적 매력을 느낀다고 하자. 이것은 비극이다. 그 남성은 결국 사회적 패자가 될 가능성이 높다. 동시에 그 여성에게도 대체로는 곧 관심을 잃는다. 예술과 인문과학은 너무도 박진감이 넘치고 풍요로운 세계이다. 어떤 여성도 이것들과 경쟁할 수 없다. 이런 남성은 사랑과 결혼 생활에 곧 무심해진다. 이들의 눈은 여성을 넘어선 어딘가를 향하고 있기 때문이다.

이런 여성들은 문학과 기타 예술에서 고귀하고 아름답고 슬프게 묘사된다. 두 가지 측면에서 그렇다. 하나는 사회적이고 물질적인 삶을 포기하고서 사랑을 감행했기 때문이고 다른 하나는 그 삶이 결국 몰락으로 이르기 때문이다. 줄리엣은 결

국 죽고 나보코프의 클레어도 결국 죽는다. 이러한 사랑의 사
망률이 어느 질병보다도 높다.

이것이 사랑일까? 확실히 이러한 선택에는 어떤 고결성
과 품격이 있다. 그러나 말한 바와 같이 분석될 수 있다면 그
것은 원초적인 것은 아니다. 교양에 대한 추구와 맺어진 애정
역시 사랑은 아니다. 그것 역시 어떤 목적을 지향하고 있다.
그 목적이 단지 자신과 후손을 뒤바꾼 것일 뿐이다.

나는 여성에게 이러한 종류의 애정을 포기시키느라 종종
애쓴다. 미래의 어떤 보상에도 불구하고 당사자의 희생이 너
무 크기 때문이다. 물론 교양을 추구하던 젊은 남성이 결혼을
하고서는 갑자기 물질적 요구를 자각하고 돈을 추구하는 경우
도 있다. 이 경우는 다행이다. 더 다행스러운 것은 이쪽이 확
률적으로 더 개연성이 있다는 사실이다. 교양에의 전적인 추
구를 계속 이어나가는 사람은 드물다. 그러나 그러한 경우에
도 그렇게 행복하지는 않다. 만약 그 쌍이 그들의 기억 속에서
순수함에 대한 희미한 자국이라도 유지한다면 현실의 삶은 고

통으로 다가온다. 삶은 번뇌이며 책임과 의무가 된다. 이내 삶에 대해 탄식한다. "내가 이것을 원한 것은 아니었다."

만약 위의 경우와 달리 그 남성이 교양에의 추구를 전체 삶에 걸쳐 강력하게 유지한다면 그는 독신으로 내버려지는 편이 낫다. 가족에 대한 책임은 천재가 될 가능성을 가진 젊은이 한 명을 구원의 가망 없는 늪으로 밀어 넣는 것이다. 다행히 이 경우는 매우 드물다. 대부분 현실과 타협한다. 또 타협하지 않는다고 해서 그가 천재가 되는 경우도 거의 없다. 나는 이런 사람을 역사 속에서나 볼 수 있었다. 내가 보아온바 모든 교양에의 추구는 적당한 곳에서 멈춰진다. 그것은 단지 그 사람의 허영 충족에만 봉사하게 된다.

여성의 교양에의 추구는 자신을 향하는 심적 측면도 있다. 스스로의 성장을 바라는 경우이다. 어떤 여성은 교양을 추구하는 남성과의 결합으로 자신이 교양의 함양에 있어서 계속해서 성장해나갈 수 있기를 기대한다. 이 요구는 물론 순수한 것이다. 그러나 순수한 것이 항상 그렇듯이 탈색되거나 변색되기 쉽다. 나는 이러한 교양에의 추구가 진실하고 적극적인 것으로서 어떤 사람에게라도 평생 지속되는 것을 본 적이 없다. 또한, 지속되어서도 안 된다. 평생에 걸친 지성에의 추구는 자신과 후손의 물질적이고 사회적인 삶에 대한 무책임을 전제한다. 그러나 삶에서 물질적인 의미에서의 면책은 매우 드문 경우에 한한다. 소위 천재라는 사람에게만. 그러나 천재는 기적이다. 그것은 발생하지 않기 때문에 기적이다. 세계 전체를 놓고 벌이는 도박이 어떻게 성공하겠는가.

자, 결론을 말해보자. 교양 있는 남성에 대한 끌림 역시 사랑은 아니다. 그것은 말한 바와 같이 허영이나 어리석음에 지나지 않는다. 물론 교양에의 추구와 그것과의 결합으로 행복할 수 있다. 그러나 이것은 본격적일 수도 영속적일 수도 없다. 물론 교양에의 잠재력을 더 많이 가진 아이를 갖게 될 확률은 커지겠지만, 그것에 삶을 걸기에는 너무 큰 도박이다. 나는 교양에의 추구가 적당한 선에서의 즐거움으로 그치기 바란다. 천재라는 기적을 얻을 가능성 때문에 자기 삶과 후손 전체를 위험에 빠뜨리는 일은 하지 않는 것이 좋다.

어떤 행운에 의해 물질적 조건이 충족된 사람들이 있다. 이들은 대체로 향락적인 삶으로 기운다. 거드름에 싸인 허영의 향락이건 노골적인 향락이건. 물론 때때로 그렇지 않은, 있을 수 없는 기적 같은 일이 발생하기도 한다. 물질적 조건이 충족된 사람이 자기 향락의 대상으로 교양의 추구에 몰두하는 경우가 있다. 멘델스존, 쇼펜하우어, 비트겐슈타인 등이 그렇다. 이 경우는 권장된다. 위험 없는 즐거움을 취할 수 있다. 그럼에도 이들은 독신이었다. 하물며 물질적 충족의 조건 없이 가족을 구하는 사람은 얼마나 무책임한 것인가. 여성은 이러한 남성을 경계해야 한다. 평생을 무기력하지만 오만한 사람과 살게 된다. 교양에의 추구는 이와 같다.

교양에의 추구 역시도 대부분은 세계로부터의 개인의 독립을 의미한다. 고대 그리스인이 그러했다. 아름다움 자체를 위한 것을 예술이라 할 때 그들은 예술도, 철학도, 과학도, 수학도 창조했다. 이것은 기적이었다. 그러나 로마인들은 이런 예술과 순수학문에 어떤 관심도 지니지 않았다. 그들은 실천적이었다. 그들에게는 사회적 법률과 토목 기술이 훨씬 중요했다. 우리는 그리스의 유산the Legacy of Greece에 대해 말하지만, 로마의 유산에 대해서는 말하지 않는다. 〈갈리아 전기〉나 트라야누스 기념주는 〈펠로폰네소스 전쟁사〉나 파르테논 신전의 페디먼트와 같은 높은 평가를 받지 못한다. 그러나 로마는 제국을 건설했고 그리스는 곧 몰락한다. 마케도니아에 굴복한 페리클레스의 후손들은 참담한 운명을 겪게 된다. 교양에의 추구의 결과는 이와 같다.

교양을 기반으로 한 애정은 오만한 순수함을 지닌다. 그것이 아무리 순수한 것이라 해도 세계로부터 독립한 인간을 가정한다는 점에서 오만하다. 이러한 선택을 하는 여성은 그렇지 않은 여성을 때때로 경멸한다. 그녀에겐 자부심이 있다. 스스로는 자부심 같은 것은 없다고 말하지만 어디엔가 있다. 단지 자기 내면의 가장 깊은 곳을 들여다보지 못할 뿐이다. 앞에서 한번 비유를 했지만, 건물의 가장 어두운 곳에 아주 작은 글씨로 적었더라도 기증자의 이름이 쓰인다면 그것은 허영이다. 겸허를 가장한 허영의 소산이다.

물론 교양은 삶의 매우 중요한 요소이다. 그것이 없다면 삶은 덧없고 상스러워진다. 그러나 교양은 일단 습득하고 즐기고 또한 극복해야 하는 것이다. 문명은 그 자체로 좋은 것이 아니다. 그것을 누리는 것에는 조건이 따른다. 문명은 인간이 선택한 하나의 생활양식에 지나지 않는다는 것, 또한 그 선택이 올바름을 독점한 것은 아니라는 것, 만약 문명을 인간 자체라고 생각한다면 그것은 인간의 본질인 생명을 배신하고 있다는 것을 알 때 우리는 허영과 오만으로부터 거리를 두고 문명을 대할 수 있게 된다.

눈을 똑바로 뜨고 바라보는 삶은 어렵다. 세계 속에 매몰되어서도 안 되고 세계로부터 자유롭다고 생각해서도 안 된다. 확실히 현대 철학은 인간을 세계에 편입시킨다. 그러나 이것이 인간의 무의식과 물질에의 매몰을 정당화하지는 않는다. 지성과 그 결과인 교양 역시 인간의 본질을 규정하는 하나의 요소임은 분명하다. 여기서 중요한 것은 '하나의 요소'라는 사실을 아는 것이다. 우리는 세계 속에 편입되지만, 단지 '인간답게' 편입될 뿐이다. 다른 모든 동물이 각자의 본능의 벽에 갇혀 있듯이 인간 역시 자신의 종이 규정하는 본능에 묶여 있다. 인간의 문명과 교양이 절대적이어서 동물의 본능과는 전적으로 다르다고 생각하는 것은 오만이다. 교양은 삶을 풍요롭게 하고 느끼고 아는 데에 있어서 우리에게 행복을 준다. 그러나 단지 행복일 뿐, 그것 이외에 다른 가치는 없다. 짖는 개가 행복하듯이 교양을 누리는 인간이 행복하다. 그 교양은 조건적인 것이며, 결국 그조차도 세계로 환원될 것이다. 플라톤의 오류는 이 행복에 절대성을 부여했다는 점에 있다. 교양은 절대적인 것이 아니다.

이 반대 경우 역시 비웃음을 받아 마땅하다. 교양의 추구에는 어떤 실천적 효용도 없다는 점을 몰취미의 근거로 삼는 경우이다. 인간 역시 세계에 속한다는 사실과 인간 고유의 특성을 무시한다는 것은 같은 것이 아니다. 개는 개다워야 하고 인간은 인간다워야 한다. 교양에의 추구는 세계에 포괄된 인간의 조건이다. 교양에의 추구가 없다면 인간이 교양의 소산은 아니라는 사실 — 상당한 정도의 모순의 통합인바 — 을 어떻게 알겠는가? 소크라테스에서 비트겐슈타인에 이르는 모든 철학 체계가 자기 손가락의 싸구려 반지만 한 즐거움도 주지 못한다는 인간이 많다. 많다는 정도가 아니라 사실은 절대다수다. 이것이 세계의 물질성에 함몰된 물질주의자들의 상스러움이다.

남 자 의
사 랑

Men's Love

여성에게 환희와 고통을 주는 데에 있어서 이만한 것은 없다. 애초에 여성과 남성이 사랑이라고 부르는 것에 부여하는 의미가 각기 다르기 때문이다. 남성에게 여성에 대한 사랑은 성적 요구를 충족하기 위한 도구로 시작하여 그 충족에 따른 책임이라는 부담으로 남게 된다. 어떤 남성이 성적 요구와는 별도로 여성에게 지속적인 관심과 배려를 보이며 그것을 사랑이라고 말한다면 그것은 어리석음이거나 자기기만이다. 남성에게 그러한 것은 없다. 그들은 자기 유전인자를 최대한 많이 퍼뜨리고자 한다. 이것을 막는 것은 사회적 규정과 훈련된 애정이다. 이 애정조차도 사회적 규제와 문명에 따른다.

여성은 사랑과 성적 행위를 원인과 결과로 느낀다. 여성에게 사랑은 무엇이라고 말해질 수 없는 것이며, 그녀들이 말하는 사랑은 단지 상당한 시간 동안의 관심과 보살핌과 경제적 헌신에의 요구와 그 보증일 뿐이라고 말하면 반발한다. 그녀들은 사랑이 좋은 정자와 자신들의 아이와 스스로를 보호하기 위한 수단 외에 아무것도 아니라는 사실을 받아들이기 어려워한다. 일반적으로 여성은 섹스를 사랑에서 독립시키지 못한다. 물론 독립시키는 경우도 있다. 그러나 이 경우는 성적 요구에 대한 간헐적인 충족이 있다고 해도 이러한 성적 파트너의 관계는 오래가지 못한다. 이때 여성의 섹스는 이미 절망을 내포하기 때문이다. 여성은 계속해서 섹스를 사랑의 결과로 여기는 제대로 된 수컷을 만나고자 한다. 그렇지 않은 욕구 충족으로서의 지속된 관계는 여성의 본질이 아니다. 여성은 이러한 관계를 지속하지 못한다.

다른 또 하나의 절망적인 관계가 있다. 사랑할 만한 값어치가 있는 남성이 자신에게 성적 충족 이외에 다른 것을 구하지 않는 경우이다. 이 대단한 수컷은 많은 여성에게 호소력이 있다. 무엇인가 우월한 것들을 갖고 있다. 돈, 건강, 교양 등에 있어서 혹은 이 중에 한두 개에 있어서 독보적인 경쟁력을 가진다. 이 경우에 남성은 정착할 생각이 별로 없다. 어디서든 여성을 구할 수 있기 때문이다. 이런 남성을 사랑하게 된 여성은 아마도 가장 비참한 상황에 처하게 된다. 여성은 남성을 열렬히 사랑한다. 그러나 그 남성과의 연결은 섹스 외에는 없다. 남성은 그것 외에는 여성들에게서 구하는 바가 없기 때문이다. 이 경우는 특히 남성이 매우 높은 교양을 지니고 있을 때 발생한다. 교양에의 순수한 요구를 지닌 여성은 그것을 다른 어느 곳에서도 구하지 못한다. 그러나 남성은 그것과 관련한 소통을 별로 중시하지 않는다. 소통에 애쓰지 않아도 여성들과의 섹스가 가능하기 때문이다. 소통조차 귀찮다.

물론 이것은 매우 드문 경우이다. 진정한 교양을 가진 남성과 그를 흠모하는 ― 어리석게도 ― 순수한 여성은 드물기 때문이다. 오히려 기만의 경우가 훨씬 많다. 남성이 교양을 위장하고 여성이 거기에 속는 경우. 이 경우는 고통스러운 종말을 고한다. 남성의 거짓과 속물적 근성과 야비함이 곧 드러나기 때문이다. 여성은 애착과 혐오 사이에서 갈팡질팡하지만, 결국 끝이 난다. 혐오가 애착을 이긴다. 혐오는 증가하지만, 애착은 사라져가기 때문이다. 시점의 문제만이 남는다. 위의 두 경우 역시 여성에게는 비참하기 그지없는 결과를 낳는다. 전자는 절망을 견디지 못해서, 후자는 혐오를 견디지 못해서.

일반적인 남성의 사랑에 대해 살펴보자. 남성에게 여성은 일차적으로 성적 충족의 대상이다. 다음으로는 실제적 삶의 용이성과 자신의 유전인자를 만들어줄 대상으로서이다. 남성은 의외로 외로움을 견디지 못하며 또한 생활의 불편도 참지 못한다. 여성이 보살펴주지 않으면 초라하고 한심한 일상을 살기 쉽다. 이러한 불편을 해소하기 위한 수단으로서 여성을 필요로 한다. 그러나 정작 중요한 문제는 결국 유전인자의 증식이다.

남성도 여성과 마찬가지로 자기 유전인자의 증식을 원한다. 사실 수컷은 질보다 양이다. 그러나 문명은 법을 통해 양을 구속했다. 동물의 본능 속에는 유전인자의 증식과 관련해서도 승자독식의 원칙이 지배한다. 사실상 인간도 그러했다. 전제군주는 원한다면 언제라도 어떤 여자라도 취할 수 있었다. 이때에는 사랑이라고 불리는 것이 있을 수 없다. 동방의 전제군주 치하에서는 남녀 사이에 에로틱한 사랑은 있을 수 없다. 있다고 해도 드물다.

개인 사이의 사랑은 상당한 정도로 민주주의적 이념의 소산이며, 또한 사유재산 제도의 소산이다. 일부일처제가 도입된 이후 남성은 제한된 숫자의 유전인자밖에는 가질 수 없게 되었다. 이제 양보다 질이다. 남성은 자신의 유전인자가 가급적 유리한 조건하에서 계속 증식해나가기를 원한다. 그것이 상속이다.

이 경우 남성과 여성은 서로 이해관계가 맞는다. 여성은 생물적 동기로, 남성은 법적인 제한으로 둘 다 제한된 수의 아이밖에는 얻을 수 없다. 남성과 여성은 합심해서 그들의 유전인자를 번성시키고자 노력한다. 이 본능이 아마도 사랑이라고 불리는 것이다. 물론 여기에는 다른 조건도 들어 있다. 남자는 상업 노동을 하고 여성은 가사 노동을 하는 등의.

남성에게 사랑 같은 것은 없다. 거기에 교양과 생물학과 사회학은 있을지라도 사랑은 없다. 또한, 남성에게 섹스와 사랑은 관련이 없다. 사랑은 섹스와 섞일 수 없다. 그러기에는 사랑은 뭔가 질을 달리하는 것이다.

남성은 애정조차도 없는 섹스가 가능하다. 섹스와 애정은 서로 독립적이다. 섹스는 성적 도구와 유전인자의 번식 문제이고 애정은 그 유전인자의 번영을 위한 것이다. 남성은 본성상 섹스를 애정에서 독립시킬 수 있다. 그에게는 섹스와 애정을 관련지을 이유가 없다. 아이를 키우는 데에 힘을 합치기 위한 보증이 애정이라고 할 때 그 책임을 여성이 짊어지기 때문이다. 남성은 일차적으로 법률의 구속이 없다면 한없이 씨를 퍼뜨리려 한다. 마치 80만 개의 알로 애정을 대신하는 물고기처럼. 씨를 많이 퍼뜨릴수록 자기 유전인자가 증식될 확률이 더 높아지므로.

엄밀히 말하자면 우리는 섹스와 애정과 사랑 모두를 분리해야 한다. 그것들이 어떻게 얽혀 있건 혹은 어떻게 독립해 있건 우리는 그것들을 일단 독립시켜 살펴보아야 한다. 종합은 ― 만약 그러한 것이 있다면 ― 언제라도 가능하다. 또한, 거기에 인과관계가 있다면 그것 역시 살펴보아야 한다. 섹스는 사랑에 질료를 입힌 것인가? 그것은 사랑의 결과물 중 하나인가? 단지 애정에 지나지 않는 것을 사랑으로 혼동하고 있지는 않는가?

나는 우리가 애정을 사랑으로 잘못 알고 있다고 생각한다. 애정은 배려와 관심, 신실함과 따스함이다. 그러한 것은 있다. 그러나 남녀 사이의 이것은 여성의 것이지 남성의 것은 아니다. 수컷들은 그런 것을 모른다. 바다표범이나 사자의 경우 새로운 우두머리는 기존의 어린 것들을 말살한다. 암컷들로 하여금 새롭게 발정하게 하여 자기 유전인자를 심기 위하여. 그것이 남성이다. 문명과 법의 껍질 안에는 수컷의 그러한 본능이 강력한 심적 동기로 생생하게 살아 있다. 유전인자를 증식시키고자 하는 욕망은 여성도 다르지 않지만, 여성의 애정은 지속적이다. 그러나 남성은 상황이 허락한다면 애정에 시간과 정력을 들이느니 더 많은 씨앗을 퍼뜨릴 기회를 엿본다.

여기에 어느 성의 다른 성에 대한 도덕적 우월은 없다. 생물적 숙명에 어떻게 도덕적 잣대를 들이댈 수 있겠는가? 단지 문명은 사유재산 제도를 유지하는 방향으로, 또한 만인에 대한 만인의 투쟁을 막는 쪽으로 진행되어 왔다. 이것은 적어도 생식과 관련하여 수컷들에게는 본능과 맞지 않는다. 남성이 여성들로부터 때때로 부도덕이나 난잡하다는 비난을 듣는 이유이기도 하다. 법률적 구속을 당하는 수컷은 은밀하게 기회를 엿보고 또 기회가 되는 대로 그 본능을 관철하기 때문이다.

여성에게 애정은 섹스의 조건이다. 그러나 남성에게는 두 개가 서로 독립적이다. 그 둘은 물론 함께할 수도 있다. 그것은 남녀 모두에게 다행인 경우이다. 애정만 있고 섹스가 없는 관계는 남성에게는 남녀 관계가 아니다. 보상 없이 애정을 기울일 이유가 없다. 섹스만 있는 경우에도 남성은 절망하지 않는다. 오히려 행운에 기뻐할지언정. 그 섹스가 언제라도 자기가 원할 때 가능하다면. 이것이 남성의 정체이다.

섹스가 끝난 후에 남성이 여성 곁에 계속해서 다정한 태도로 머문다 해도 그것은 애정의 결과로서의 섹스였기 때문은 아니다. 여성의 모든 로맨티시즘은 섹스와 애정의 관계를 필연적인 것으로 간주하고자 한다. 그러나 남성에게 그러한 것은 없다. 남성이 섹스 후에도 여성에게 다정한 태도를 보인다면 그것은 그 여성에게서 둘 모두를 발견하기 때문이다. 절대로 인과관계에 의해서는 아니다. 섹스와 애정의 공존은 남성에게는 완전히 우연일 뿐이다. 섹스를 나누는 여성에게 동시에 애정을 품을 수도 있고 그 반대이기도 하다. 어떤 경우에 애정을 품을까? 여성의 용모가 매우 아름답거나 마음이 곱거나 세계관이 일치할 때이다. 결국, 남성은 이마저도 싫증 내지만. 섹스 없는 애정만이 있을 수도 있는데, 그것은 이제 우정과 연민의 문제이다. 같이 있으면 많이 웃고 마음이 편하다. 그러나 이런 관계는 오래가지 않는 것이 보통이다. 이 관계를 위해서라면 동성이 더 유리하기 때문이다.

예외적인 것은 가족의 경우이다. 가족이 되었을 때 남성이 여성에게서 더 이상 성적 매력을 느끼지 않는 것은 시간 문제이다. 남성은 성적인 문제에 있어서 새로움을 구해나간다. 익숙함이 성적 관심을 앗아간다. 여성은 성의 소실의 대가로 안정을 얻는다. 이것이 많은 여성이 그렇게도 바라는 사랑의 해피엔딩이다. 결혼은 해피엔딩이다. 그러나 성적 관계는 파국으로 이르는 해피엔딩이다. 그래도 대부분의 남성은 여성 곁에 머무른다. 그것은 남성이 여성에게 계속해서 성적 매력을 느껴서라기보다는 사회적 법률이 가하는 구속과 심리적 편안함이 주는 안정감, 파국이 주는 두려움에 기인한다. 가족으로 엮인 관계에서는 섹스나 애정이나 사랑이 반드시 있어야 할 필요가 없다. 남성은 물고기가 물속에서 편안하듯 가정의 테두리 안에서 편안하다. 그렇다고 물고기가 물에 성적 매력이나 애정이나 사랑을 품는 것은 아니다. 단지 물 밖이 두려울 뿐. 따라서 애정이나 사랑이 가족의 필요조건은 아니다. 그것은 생식과 평온을 위한 것이다. 부부가 일생에 걸쳐 (아이가 없는 경우에도) 서로 다정한 관계를 유지하기도 한다. 이 경우는 확실히 애정에 의한다. 이것이 앞에서 말한 섹스 없는 애정이다. 그러나 그것은 사실은 우정에 더 가깝다.

여성은 이제 미혼 시절에 품었던 사랑과 성의 인과율을 뒤집는다. 사랑에서 성이 나오는 것은 분명해졌다. 결혼했지 않는가? 그러나 남성은 분명히 권태를 느낀다. 여성은 때때로 불안하고 때때로 공허하다. 이제 의무로서의 성이라는 기막힌 운명이 남성을 기다린다. 이 경우가 아마도 남성의 성에 있어 가장 비참한 경우일 것이다. 새로운 여성에 대한 요구가 계속 있음에도 애정만 남은 상대는 배타적인 섹스를 요구한다.

거듭 말하지만, 이것은 남성의 부도덕성이나 여성의 조신함을 말하는 것이 아니다. 그렇게 생겨 먹은 두 성에 관한 얘기이다. 애정과 섹스는 별개의 문제이다. 여성에게 섹스는 하나의 거래조건으로 작동한다. 그것은 암컷으로서의 여성에게 잠복하고 있다. 여성은 섹스를 조건으로 남성이 단지 섹스에 대한 관심 이외에도 자신에게 보호와 애정을 지속적으로 유지할 수 있는지, 또한 자신의 성을 얻기 위해 남성이 어느 정도의 반대급부를 지불할 의사가 있는지에 대해서 확인하고자 한다. 이것이 남성과 여성의 관계를 불편하게 만들기도 한다. 여성은 불평한다. "이 사람의 관심은 오로지 섹스에만 있다."고. 당연히 그렇다. 남성은 주로 그리고 직접적으로 섹스에 관심이 있다. 만약 여성이 남성의 지속적인 관심을 원한다면 절대로 섹스를 미끼로 하지도 말고 조건으로 하지도 말아야 한다. 피임 기술의 발달이 적어도 물리적으로는 이것을 가능하게 한다. 인간은 생물적 조건에서 상당한 정도로 벗어날 수 있다. 남성이 섹스에 향락의 의미만을 부여한다고 할 때 여성 역시도 그것이 가능하다. 그러나 어떤 남성을 섹스만으로 붙들어 매지는 못한다. 잠시는 가능하지만 길게는 어렵다. 남성을 붙들어 매기 위해서는 다른 가치를 지녀야 한다.

만약 섹스를 위한 섹스를 원하지 않는다면 섹스를 거부해야 한다. 그 거부가 남성으로 하여금 자신을 떠나게 만든다 해도 견뎌야 한다. 여성 역시도 섹스와 애정을 분리시켜야 한다. 남성과 자신과의 관계를 물질적 교환 이상의 것으로 만들기 위해서는 그래야 한다. 남성은 수신인란이 빈 당좌수표를 들고 다니면서 그것을 아무 여성에게나 남발한다. 몇 푼 단위의 돈을 적어넣고는. 자신의 모든 잔고를 한 여성에게 바치지는 않는다. 만약 그렇게 됐다면 그 남성은 거기에 새로운 잔고를 채우기 위해 애쓴다. 다른 여성에게 또다시 남발하기 위해.

그렇다면 무엇이 남성으로 하여금 자신만을 배타적인 섹스의 대상으로 하는 수단이 될 수 있을까? 없다. 엄밀하게는 없다. 단지 그것을 가능하게 만들기 위해 애쓰는 여성의 노력만이 있을 수 있다. 이 노력은 때때로 상당한 정도로 유효하다. 여기에는 여성의 초연함과 인간적 갱신이 필요하다. 남성은 여성이 자신에게 정착할 때 가장 쉽게 흥미를 잃는다. 또한, 여성이 소유권 확립으로 남성에게 기득권을 행사할 때에도 마찬가지이다. 여성은 언제라도 남성이 원한다면 떠날 수 있는 준비를 해야 하고, 또한 그 사실을 남성에게 알려줘야 한다. 남성에게 자신의 삶을 걸어서는 안 된다. 자기 삶에 대한 책임도 행복도 절망도 모두 자신의 것이다. 남성이 나의 삶의 모든 것을 차지하게 해서는 안 된다. 애정을 품는 것과 집착하는 것은 전혀 다른 것이다. 집착은 애정을 파괴한다. 애정은 초연함을 전제로 각자가 스스로가 될 때 유효성을 유지할 가능성이 더 높다.

　남성에 대한 소유권 확립에 매몰된 여성은 여성으로서는 물론 한 인간으로서 몰락해나간다. 나는 몇십 년 만에 만난 어린 시절 동기의 모습에 깜짝 놀란 적이 있다. 그 소녀가 그런 식으로 나이 들 줄은 몰랐다. 늙어가는 외모야 어쩔 수 없지만, 내면의 추악함을 스스럼없이 드러내는 모습이 충격이었다. 물론 추악하게 늙는 것에는 남성도 예외가 없다. 문제는 대체로 여성은 추악한 남성을 억지로라도 견디지만, 남성은 애당초 전혀 견딜 생각을 하지 않는다는 데에 있다. 왜냐하면, 여성은 애정이 조건이었지만 남성은 섹스가 조건이었으므로.

　남성은 성적 매력을 느끼지 않을 때, 여성의 다른 것들도 느끼지 않는다. 남성을 붙들어 놓고 싶다면 여성은 젊은 시절의 매력을 유지하려는 노력을 해야 한다. 여성적 매력의 계속된 갱신 이외에 다른 방법은 없다. 매 순간 애써야 한다. 자신의 용모와 인품이 계속해서 경쟁력을 유지할 수 있도록. 전략은 숙명이지만 그 숙명은 극복 불가능한 것이 아니다. 매력적으로 늙어가기 위한, 여성적 매력을 유지하기 위한 끝없는 분투, 고결함을 가지려는 노력은 남성의 희극적 동물성에도 불구하고 더 큰 고통을 막기 때문이다.

인간적 갱신을 하는 여성은 대체로 인형같이 예쁘다. 이해심과 관용 가운데 최선을 다해 외모를 가꾼다. 그녀는 아름다워짐이 그 자체로 중요하다는 사실을 알기 때문이다. 그렇지 않은 여성은 대체로 자식을 낳았다는 권리와 법률이 보장하는 소유권 안에서 아무렇게나 늙어간다. 애정 따위보다는 물질적이고 사회적인 안정이 더 중요하니까. 부끄러움도 없다. 세련된 사람에게는 법률보다 매력의 유지가 더 유효하다. 그렇지 않은 사람에게는 법률이 더 유효하고.

이것은 물론 사랑에 대한 얘기는 아니다. 나는 단지 남성이 말하는 '소위' 사랑에 의해 많은 여성이 겪는 혼란과 고통이 어디에 기원하며, 또한 그것의 극복은 어떻게 가능한가에 대해 말했을 뿐이다. 이것은 모두 애정과 삶의 유지에 관한 것이다. 많은 여성이 사랑으로 오인하는. 그러나 그것들은 단지 애정일 뿐이다. 때때로 다정하고, 때때로 감상적이고, 때때로 이기적이고, 때때로 배타적이고, 때때로 유치한. 그것들은 또한 주로 우리의 물질적 삶일 뿐이다. 거기에 생각만큼 많은 영혼이 깃들지도 않는다. 유감스럽게도.

형 식 과
내 용

Form and Contents

내가 만약 범선이라면

내가 만약 범선이라면

희고 푸른 돛을 단 크레타의 범선이라면

로도스의 숲에서 베어져 뗏목으로 흘러온

향기 나는 삼나무를 쪼개 나무못으로 이어 붙인 돛배라면

삼나무 사이를 송진으로 메운 돛단배라면

당신을 싸고도는 솔향과 나무 향을 내는 꿈 같은 작은 배라면

나무와 송진이 줄무늬를 만드는 작은 배라면

당신만 간신히 실을 작은 배라면

작고 또 작아서 우리 둘이 붙어 있어야 할 그런 배라면

다정한 소곤거림으로도 갈 수 있겠네

영원히 갈 수 있겠네

둘만이 바다 위를 떠돌 수 있겠네

당신의 숨결만으로

당신의 한숨만으로

당신의 환호만으로

우린 먼 바다로 나갈 수 있겠네

우리가 같이 보았던 하얀 절벽의 그 섬,

꿈만 꾸었던 그 섬에 닻을 내릴 수도 있겠네

거기에 머물 수도 있겠네

그렇지만 나는 다시 항해하겠네

닻을 거두고 돛을 부풀리며 곧 떠나가겠네

그래야 당신이 나만의 것이니까

누구도 무엇도 당신을 빼앗을 수 없도록

나무도 바위도 산호도 산호 속 물고기도 에메랄드빛의 산호

여울도.

조용한 숨결로 돛을 부풀린 채로

당신 몰래 바람 타고 대양으로 나가겠네

내 품만이 당신의 전부인 곳

하늘과 바다가 만나는 곳으로

나는 조금씩 가겠네

근심과 고통은 해안에 내려놓고

노역과 과거도 해안에 내려놓고

사랑과 기쁨과 미소와 당신을 싣고

작고 하얀 나는 먼 바다로 나가겠네

바다는 옅어지다 하늘이 되고 말겠지

당신은 더 이상 누구의 것도 아니겠지

단지 내 것 이외에.

당신 눈은 꽉 차겠네

낮엔 새들로 밤엔 별들로

나는 별과 당신 눈을 구별도 못하겠네

도취되어 당신 눈을 바라보겠네

내 눈엔 당신만이 들어차리

따가운 적도의 빛이 나를 온통 빛나게 해서,

내가 당신을 눈 부시게 한다면

기쁨으로 내 돛을 부풀리겠네

그 빛이 나를 황금으로 바꾼다면

당신에게 그것을 선물할 수 있겠네

당신이 기뻐한다면 빛이 되어도 좋고 황금이 되어도 좋네

빛으로 당신을 어루만지고 금으로 당신 품에 머무르니까

내 눈이 온통 부시다 해도

당신은 그래도 내 눈을 채우리

우리가 북쪽 끝에 가고 열기가 사라진다면

해가 구름과 눈으로 바뀌고

여름이 가고 겨울이 오겠네

눈을 안은 바람이 세게 몰아치겠지

소중한 당신을 앗아가려고.

난 당신을 더욱 깊이 안으리

선창의 가장 깊은 곳에 당신을 가두리

무엇도 당신을 가져갈 수 없도록.

언제고 당신은 온전히 내 것

우린 한없이 작아지겠네

숙인 나의 어깨 안에 당신이 있겠네

나를 적신 물이 내 몸을 얼게 해도

그래도 나는 추워 떨지 않으리

내게는 당신이 있으니까

세상의 따스함이 거기에 있으니까

사랑과 꿈과 당신을 싣고 가리

가는 듯 가지 않는 듯

비단 위를 미끄러져서

시간은 온통 사라지게 하고

우리 사랑만 싣고

나는 그렇게 바다를 헤쳐가겠네

우리는 숨겠네. 우리는 사라지리. 아무도 모르게 사라지리

당신과 나는 멀리 푸른빛을 내고

점점 희미해지며 푸른 창공 속으로 사라지리

하늘과 별이 바다와 함께하는 그 사이로 사라지리

청금색 별들만이 그것을 보겠네

하늘색 바다만이 그것을 알겠네

그러고는 그것들도 우리를 잊겠네

많은 시간이 흘러 별과 하늘도 바뀔 때

우리도 우리를 잊겠네

우리가 살았는지도 모르겠네

우리가 있었는지도 모르겠네

사랑으로 불리는 것에 대한 아름다운 시이다. 나는 사랑

에 관한 이보다 더 아름다운 시를 읽은 적이 없다. 도대체 무엇이 스스로를 범선으로 만들고 둘만의 세계를 구성해서 어디론가 소멸하게 하는가. 그러나 앞에서 우리가 탐구한 내용에 비추자면 이것도 단지 애정에 관한 것이다. 이조차도 사랑에 관한 것이 아니라면 도대체 무엇이 사랑이란 말인가? 그러나 어쨌든 이것은 사랑이 아니다. 사랑이라면 '둘만'의 배타적인 것일 수는 없다. 이것 역시 성적 요소를 그 필수적인 일부로 하는 애정에 관한 시이다.

독자들은 궁금할 것이다. 만약 그것이 단지 애정과 성적 요구라면 어떻게 그렇게 그것에 관한 많은 아름다움이 가능한지. 많은 예술과 문학이 이것에 기초한다. 〈로미오와 줄리엣〉도, 셰익스피어의 소네트들도, 나보코프의 〈롤리타〉와 〈세바스티안 나이트의 참 인생The Real Life of Sebastian Knight〉도, 레이먼드 카버의 단편들도 모두 이것에 관한 것이다.

이것들의 기원이 단지 생물적 요구를 기초로 하는 애정이라면 어떻게 그렇게 수많은 아름다움이 거기에서 쏟아질 수 있는가? 간단히 답변하자면, 아름다움은 '표현'의 문제이지 '내용'의 문제가 아니다. 고대 그리스 말기의 〈휴식 중인 늙은 권투 선수〉, 제리코의 〈광인〉 연작, 드가의 〈압생트〉 등은 모두 아름다운 소재를 바탕으로 하지 않았다. 그러나 아름답다. 내용은 아름다움과 관련하여 중립적이다.

▲ 휴식 중인 늙은 권투 선수

그러나 이것은 하나의 판단이긴 하다. 형식을 내용에서 독립시키는 것도 하나의 이념이며, 이것이 '예술을 위한 예술'의 이념이다. 이러한 이념은 지금 독자가 읽고 있는 이 책의 결론과도 관련한다. 그러므로 '내용으로부터의 형식의 분리'라는 주제는 이 책의 결론과 관련하여 매우 중요하다.

우선은 형식과 내용의 관계에 있어서 상반되는 두 이념에 대해 살펴보겠다. '내용을 드러내기 위한 형식'의 이념과 '형식을 위한 형식'의 이념은 상반되지만 동일한 비중을 가지기 때문이다. 현대는 후자를 택한다. 이 책의 결론 역시 현대 철학의 기초 위에 놓인다. 그러나 그것도 하나의 선택일 뿐이다. 나의 선택을 떠나서 지금은 양쪽 모두를 살펴볼 때이다. 전통적인 실재론은 전자를 말하고 있으므로.

아주 간단히 말하자면 '세계로부터 독립한 인간'이라는 이념은 '내용을 위한 형식'의 주장으로 귀결되고 '세계 속의 일부로서의 인간'이라는 이념은 '형식을 위한 형식'의 주장으로 귀결된다. 전자는 지성을 중시하고 후자는 감각을 중시한다. 이것은 앞에서도 누누이 말한 바이다. 전자는 문학에서 서사와 거기에 부수하거나 병존하는 도덕률 혹은 지식과 판단에 대해 말하고 후자는 예술을 서사나 교훈의 진공 상태로 만든다. 전통적인 예술은 '무엇'에 대해 말하지만, 현대 예술은 — 그것이 어떤 내용인가를 지니고 있다면 — 지워질 것을 전제하는 내용을 지니게 된다. 이것이 '지워지는 서사'이다.

전자는 당위에 대해 말하고 후자는 현존에 대해 말한다. 여기에는 자못 형이상학적인 고찰이 필요하다. 전자가 재현적이라면 후자는 철저히 추상적이거나 '지나치게' 재현적이다. 여기서 지나친 재현성은 지워질 것을 전제하기 때문이다. 앤디 워홀의 지나치게 재현적인 〈메릴린 먼로〉나 〈캠벨 수프 깡통〉과 같은.

아리스토텔레스는 '자연을 닮아야 하는 예술'에 대해 말하고 오스카 와일드는 '예술을 닮아야 하는 자연'에 대해 말한다. 여기에서의 자연은 감각 인식의 대상으로서의 자연이 아니다. 그것은 당위로서의, 형상으로서의 자연이다. 또한, 여기에서 두 사람이 말하는 '예술'은 형식으로서의 예술이다.

전자는 위계를 가정하고 세계를 통합시키지만, 후자는 위계를 폐기하고 세계를 해체시킨다. 이 사실은 매우 중요하다. 세계관은 통합과 해체 사이를 왕복하기 때문이다. 전자는 지성과 사유를 기반으로 거기에서 하위의 것들을 유출시킨다. 질료가 소멸한 수학적 투명도가 거기에 기초한 모든 건조물을 유출시키듯이 모두가 순수 지성을 향해 정렬해야 한다. 아리스토텔레스는 "예술은 자연을 닮는다."고 말한다. 그가 말하는 자연은 감각적 자연이 아니다. 감각 세계의 이면에 있으며 그것을 규정하는 본연적 자연이다. 즉, 형상으로서의 자연이다. 이때 예술은 세계의 본연적 참과 아름다움을 미끼로 제시해야 한다. 중세의 형상이 신앙을 위한 미끼였듯이 실재론자들의 예술은 지성과 윤리를 위한 미끼였다.

예술의 형식은 그 예술이 재현 대상으로 삼는 내용에 부속된다. 내용이 먼저이고 형식이 나중이다. 내용이 약이라면 형식은 쓴 약을 감싼 달콤한 피막이다. 여기서 중요한 것은 약이다. 그에게 내용은 핵이고 형식은 그것을 싸고 있는 질료이다. 때때로 과일의 가치는 핵에 있지 않다. 오히려 씨앗을 품고 있는 과육 자체가 과일의 존재의의일 수도 있다. 그러나 아리스토텔레스에게 이러한 가정은 있을 수 없었다.

　이러한 생각을 가진 이들은 주로 소설을 읽지 않는다고 말한다. 그들에게 독서의 목적은 지식, 지성, 교훈 등의 획득이기 때문이다. 그들은 그러한 것이 가능하다고 생각한다. 그들에게 우리가 세계의 본질에 대해 모르는 것과 마찬가지로 지성과 윤리 등도 본래 알 수 없는 것이라고 말하면 어리둥절할 것이다. 모두가 기만적인 전통적 교육이 심어놓은 지성이라는 덫에 걸려 있기 때문이다. 그들은 '미를 위한 미'의 이념을 받아들일 수 없다. 그들에게 회화는 단지 선과 면과 색의 문제일 뿐이고, 문학은 단지 언어의 문제이고, 음악은 단지 소리의 문제에 지나지 않는다고 말한다면, 대부분 못 알아듣거나 (알아들었을 경우) 반발할 것이다. 그들은 한 번도 스스로를 세계 속에 지워본 적이 없으며, 모두가 세계로부터의 독립을 가정하고 있기 때문이다.

　지성의 공허함과 무능함에 대한 자의식이 현대로 이르

는 길을 열었다. 오스카 와일드는 자연이 예술을 닮는다고 말한다. 인간은 지성에 의해 세계를 통합해왔다. 그러나 지성이 소멸하며 통합의 가능성도 소멸했다. 지성은 죽었다. 이제 각각의 문화 구조물은 스스로의 발로 서야 한다. 그것을 구속하며 동시에 존재 이유를 주었던 지성이 소멸했기 때문이다. 지성과 동일시되었던 윤리는 단지 행위를 위한 행위로, 예술은 예술을 위한 예술로, 신앙은 신앙을 위한 신앙으로 수렴된다. 즉, 형식이 내용에서 독립한다.

이때 애정과 그 표현은 완전히 독립한다. 우리는 물론 애정을 문학이나 예술로 표현할 수 있다. 그러나 이것은 애정의 고귀함이나 가치를 위한 봉사가 아니다. 오히려 애정은 예술이 실려 가기 위한 도구로 작동한다. 예술에는 내용이 없을수록 좋다. 이 이념의 실현이 추상예술이다.

따라서 애정을 주제로 한 표현이 아름답다고 말하는 것과, 애정 자체가 아름답다거나 그 아름다움으로 미루어 그것은 애정이 아닌 진정한 사랑이라고 말하는 것은 전적으로 다른 얘기이다. 말한 바와 같이 제리코는 미친 사람들을 주제로도 커다란 아름다움을 창조했고 뒤샹은 화장실 변기를 주제로 도 커다란 아름다움을 창조했다. 아름다움은 주제의 문제가 아니라 그 표현과 형식의 문제이다. 윌리엄 부게로나 비제 르 브룅은 아름다운 주제로도 쓰레기 같은 예술을 만들었다. 거 듭 말하지만, 예술은 표현의 문제이지 주제의 문제가 아니다.

따라서 표현이 아름답기 때문에 그 표현이 주제로 삼는 무엇인가가 말해질 수 있는 어떤 것으로서 거기에 있어야 한 다는 주장은 언어도단이다. 성적 희구와 그에 대한 환상이 아 름다움의 동력이 될 수 있다. 그러나 다른 어떤 것 또한 아름 다움의 동력으로 제공될 수 있다. 우리가 애정을 주제로 한 어 떤 예술을 감상한다면 심미적 아름다움을 즐기는 데에 그쳐야 한다. 아름다움의 근원적 기초를 찾아 들어가 그 아름다움의 이유를 알아낼 수 있다는 가정은 마치 비트겐슈타인의 태아 시절로 추적해 들어가면 비트겐슈타인의 철학을 이해하고 감 상할 수 있다고 생각하는 것과 같다.

철학이나 예술에 전기biography는 필요 없다. 그것은 오히려 그 장본인들을 이해하는 데 방해된다. 따라서 이 주제와 관련하여 두 가지 사실을 마음에 새겨야 한다. 첫 번째는 사랑이라고 언급되는 것을 기초로 한다고 말해지는 것들의 범람이 사랑의 실재를 보증하지는 않는다는 사실이다. 물리학의 역사에서 한때 플로지스톤이나 에테르가 원인으로 간주되는 온갖 자연의 현상에 대한 설명이 범람했다. 그러나 그런 것들은 없었다. 나는 물론 사랑이 플로지스톤이나 에테르와 같다고 말하는 것은 아니다. 사랑은 물리적 현상이 아니다. 그것은 차라리 윤리나 신앙에 더 가까운 것이다.

두 번째로 마음에 새겨야 하는 것은 사랑을 기초로 한다고 말해지는 결과물들이 아무리 화려하고 아름답다고 해도 역시 사랑이 존재한다고 말해질 수 없다는 사실이다. 이것은 마치 화려하고 값비싼 다이아몬드 반지가 약혼자의 사랑을 보증하지 못하는 것과 마찬가지다. 나는 물론 사랑이 존재하지 않는다고 말하고 있지 않다. 단지 그것을 원인으로 한다는 현상들의 범람과 화려함과 심미성이 그것의 존재를 보증하기 위한 이유가 되지 못한다고 말하고 있을 뿐이다.

만약 사랑이라는 것이 있다면 그것은 거기에 부수하는 어떤 것과 상관없이 존재할 것이다. 만약 사랑이 없다면 우리에게는 단지 어떤 가상적 사랑을 바탕으로 한 형식만이 주어질 것이다. 그러나 분명한 것은 사랑이 존재한다는 전제하에서도 이 둘이 서로 원인과 결과를 이루지는 않는다는 것이다. 부수하는 것들 없이도 사랑은 존재할 수 있다. 또한, 사랑의 진공 상태에서 부수하는 것들만이 있을 수도 있다. 우리는 사랑에 대해서는 침묵해야 하고 그것을 기초로 한다고 말해지는 것들에 대해서는 즐기면 된다.

여기에는 어떤 모순도 없다. 무엇이 문제겠는가? 칸딘스키나 몬드리안은 소재의 진공 상태에서도 창조를 통해 예술이 가능함을 보여주었고, 존 케이지는 소음에도 음악의 자격을 주었는데.

Possibility of Love

사랑의　　가능
　　　　　　성

1 인간론

On Human

겸 허

Modesty

사랑에 대한 본격적인 논의에 들어가기에 앞서 우리는 스스로에 대해 알 필요가 있다. 우리가 어떠한 존재인가를 아는 것은 사랑에 대한 이해에 있어 선결문제이다. 이것은 비단 사랑에 있어서만은 아니다. 중요한 것은 '우리가 아는 무엇'이 아니라 '우리가 무엇을 알 수 있는가'이다.

나는 앞에서 지성적 존재로서의 인간 존재에 대해 매우 비관적 견해를 보였다. 만약 세계와 대립하여 세계의 본질을 파악하는 인간 능력을 지성이라고 한다면, '지성적 존재'로서의 인간이라는 개념은 비극적이면서도 희극적이다. 비극적인 것은 인간의 구원은 거기에서 구해질 수 없다는 측면에서이고 희극적인 것은 인간의 스스로에 대한 과대망상적 측면에 있어서이다.

데카르트는 수학을 하는 능력을 지성으로 보았고 과학자들은 물리 화학적 현상을 포괄적으로 설명하는 능력을 지성이라고 말해왔다. 어느 경우에나 인간은 세계의 골조와 그 운동에 대해 항구적인 법칙을 설정할 수 있다고 믿었다. 이것은 정말이지 희극이다. 수학이 그렇게 전능하다면 수학에서 연역된 정리들이 세계를 해명할 수 있어야 한다. 또한, 수학은 단일해야 한다. 그러나 수학의 어떤 정리에서도 과학적 법칙이 도출되지 않았다. 수학은 단일하지도 않았다. 그것이 단일하다면 항구 불변해야 한다. 그러나 수학은 변해왔다. 과거의 수학은 새로운 수학으로 교체되어 왔다. 실수의 세계는 복소수의 세계로 대체되었고 유클리드 기하학은 리만 기하학으로 교체되었다. 교체되지 않았다 해도 새로운 것들이 수학에 필수적인 것으로 새롭게 편입되었다. 과학도 마찬가지이다. 과학이 자신의 개가로 내세웠던 인과율 ― 소위 과학 법칙 ― 은 붕괴하였다. 거기에는 어떤 필연성도 없다. 필연성의 정립 실패에 대해서는 따로 말할 필요조차 없을 정도이다.

"현재의 사건에서 미래의 사건을 추론할 수는 없다. 인과율에 대한 믿음이 곧 미신이다."(비트겐슈타인)

세계와 독립한 인간의 개념은 물론 지성에 의한 것이다. 그러나 지성은 몰락했고 인간의 독립성도 몰락했다. 이 몰락에 대한 절망과 새로운 가능성을 정립하려는 시도가 실존주의이다. 지성은 세계에 해명을 요구하지만, 세계는 답변하지 않는다. 그것은 세계가 매정해서가 아니다. 지성이 묻지 말아야 할 것을 물었기 때문이다. 답변이 있을 수 없는 곳에 질문을 해봐야 소용없다. 세계가 잘못된 것이 아니라 지성이 잘못되었다. 어쩌면 인간은 독립할 수 있는 존재가 아닐지도 모른다. 인간 역시 다른 모든 것과 더불어 세계에 편입해 있어야 했다.

우리의 인간론은 먼저 스스로에 대한 지적 오만을 벗기는 것에서 시작해야 한다. 그리고 지성을 새롭게 정의해야 한다. 지성은 특별한 것이 아니다. 그것은 짖는 것이 개의 본능이듯이 인간의 본능일 뿐이다. 그것은 세계에 '편입된' 존재로서의 인간이 세계를 포착하는 방법이다. 이것은 다른 동물 각각의 본능과 질적 차별성을 갖지 않는다. 짖는 것이 왜 개의 속성이냐고 묻는 것이 불가능하듯이 왜 세계의 일부로서의 지성이 인간의 속성이냐고 묻는 것 역시 불가능하다. 인간은 단지 그렇게 생겼을 뿐이다. 인간은 자율적이지 않다. 따라서 이때의 지성은 전통적으로 우리가 지성이라고 말할 때의 그 지성과는 성격을 달리해야 한다. 그것은 노력으로 획득되는 것도 아니고, 또한 노력으로 고양되는 것도 아니다. 왜냐하면, 이미 인간에게 내장되어 있는 것이므로. 이것이 현대 철학자들이 말하는 논리^{logic}이다. 그것은 선험적^{transcendental}이다. 이것이 인간과 인간의 논리에 대한 비트겐슈타인의 정리이다.

이때 논리는 실패할 수 없다. 인간이 이렇게 규정될 때 인간은 더 이상 실패하지 않는다. 본능은 실패하지 않기 때문이다. '논리는 스스로를 보살피며' 또한 그것은 항진적^{tautological}이다. 인간의 세계와 나머지 세계라는 두 개의 세계를 가정할 필요가 없다. 인간은 세계 속에 편입시키면 하나의 세계로 충분하다. 근검의 원칙^{the doctrine of parsimony}을 위배할 수는 없다.

있을 수도 있는 하나의 오해를 살펴보자. 플라톤 역시 각각의 존재는 나름의 본성을 갖고 태어난다고 말한다. 여기에는 문제가 없다. 플라톤의 문제는 그가 지성을 세계에서 분리했다는 사실, 그리고 그것을 다른 모든 속성과 차별되는 무오류의 가치로 간주했다는 사실에 있다. 세계의 위계와 세계로부터의 인간의 분리는 그에 의해 전적인 것이 되었다. 이러한 세계관이 전체적으로 근대 말에 이르기까지 서양 사상을 지배했다. 심지어 마르크스조차도 인간과 다른 동물을 확연히 다른 생명체로 가른다. 다른 동물은 단지 물리적 생존만을 위해 살지만, 인간은 지성을 가지고 있고 자아실현의 욕구에 의해 문명을 창조한다고.

이러한 지성관에 대한 가장 전면적인 의심은 베르그송에 의해 제기되었다. 베르그송은 생명의 원천을 공유한 채로 출발했다는 점에서 기타 동물과 인간은 같은 출신 성분을 가진다고 말한다. 지성은 단지 척추동물로의 분기에 의해 인간을 규정짓는 전면적인 것이 되었다. 지성이 인간에 이르러 대폭발을 일으켰다. 그러나 지성만의 인간은 오류이다. 그것은 단지 인간이 자신의 생존을 위해 발달시킨 속성이다. 지성에 대한 가능성은 모든 생명에 있었다. 단지 인간에 이르러 배타적으로 전면적인 것이 되었을 뿐이다.

베르그송 역시 인간의 일부로서의, 인간의 본능으로서의 지성에 대해 말한다. 그러나 그는 인간을 세계에서 분리시키지 않는다. 이 점에서 베르그송은 현대 철학의 아버지이다. 현대 철학은 인간의 본능이라고 할 만한 지성이 어떻게 작동하는가를 보일 뿐이다. 이것이 분석철학이다. 다음 장에서 이 새로운 철학과 새로운 인간관에 대한 형이상학적 기술을 담을 것이다.

형 식 과
사 랑

Form and Love

현대의 분석철학 — 그 외의 다른 주도적 현대 철학은 없는바 — 은 철학이 스스로에 내재하는 고유의 주제를 갖지 않는다고 말한다. "철학은 교의의 집적이 아니다 Philosophy is not the body of doctrine."라는 비트겐슈타인의 언명은 현대 철학의 성격에 관한 핵심적인 선언이다. 전통적인 철학의 주제였던 여러 교의들은 현대에 이르러 철학뿐만 아니라 어떤 학문도 다룰 수 없게 되었다. 신의 존재, 인간의 윤리, 이상적인 사회조직, 세계의 (감각 인식 이면의) 본질 등에 관한 질문이 전통적인 철학적 질문이었고, 또한 철학자들은 이 주제에 대해 나름의 교의를 주장해왔다. 이것들이 현대에 이르러 '거대 담론' 혹은 '계몽 서사'로 불린다. 철학은 학문의 왕이었고 허영과 기만의 요람이었다. 그것은 이를테면 학문의 이데아로서 스스로에 내재한 고유의 주제를 통해 다른 모든 학문의 성격과 지침을 규정지어 왔다.

우리는 물론 하나의 철학을 선택할 수 있다고 생각할 수 있다. 그러나 이것은 가능하지 않다. 우리가 살 수 있는 세계는 '현재' 하나뿐이기 때문이다. 이것은 마치 우리의 사회적 행위가 현재의 실정법에 입각해야 하는 것과 같다. 법은 위도와 경도에 따라 그리고 시대에 따라 다르다. 그러나 이것이 자신의 법을 임의로 선택할 수 있다는 사실을 의미하지는 않는다. 우리는 현재의 우리 법을 따라야 한다. 이것은 과학에서도 마찬가지이다. 과학자들은 한때 에테르라는 눈에 보이지 않는 물질이 대기를 채운다고 생각했다. 그러나 현재는 그런 물질은 없다고 믿는다. 따라서 우리 역시도 그렇게 믿어야 한다. 과거의 믿음이 변화해왔다는 사실이 현재의 이념을 받아들이지 않을 이유는 되지 못한다. 우리가 사는 세계는 현재뿐이기 때문이다.

이러한 견지에서 우리의 주제인 '사랑' 역시도 누군가가 그것에 대해 말하고자 한다면, 곧 철학적 교의가 되고 만다. 그것은 하나의 거대 담론이다. 사랑은 확실히 실증적인 것이 아니다. 따라서 과학의 주제가 되지 못한다. 앞에서 우리는 섹스, 혈연 간의 연, 남녀의 애정을 분석했고 그것은 사실 사랑이 아닌 다른 어떤 실천적 목적을 향하는 것들이라는 사실을 알아냈다. 이것은 물론 말해지는 것들이 사랑으로 승화될 수 없다고 말하는 것은 아니다. 나는 그것들이 사랑이 될 수 있다고 믿는다. 나는 단지 사람들이 일반적으로 그것들에 부여하는 의미는 사랑과 관계없다는 사실을 말할 뿐이다.

전통적인 철학은 세계의 형식 — 플라톤이 이데아라고 말하고 아리스토텔레스가 형상이라고 말한 — 을 '규정'하는 학문이었다. 그들은 당위적인 것으로서의 형식을 끌어들였다. 세계 내부의 감각 인식의 대상들은 이제 이 형식을 준수해야 한다. 만약 감각 인식이 상대적이거나 변화한다면 그것은 형식의 문제가 아니라 우리 감각 인식의 문제였다. 이 점에서 이미 플라톤과 소피스트들은 대립하였다. 철학은 결국 형식에 대한 우리 태도의 문제이다.

현대 철학은 우리 사유 형식을 설명할 수 없다는 전제에서 출발한다. 철학의 문제는 답변이 아니라 질문에 있었다. 우리는 답변이 있을 수 없는 질문을 제기해왔다. 우리는 자신을 묘사할 수 없다. 묘사는 대상 밖에서 안을 바라볼 때에만 가능하다. 우리에게 하나의 그림이 가능한 것은 우리가 그림의 대상 밖에서 그것을 바라보기 때문이다. 우리에게 불가능한 것은 그림을 통한 세계의 기술description이 아니라 그 기술이 어떻게 해서 우리에게 공유되는 형식을 갖는가이다. 철학은 그림 그리기 위한 것은 아니다. 그것은 과학이 할 일이다. 세계의 모습에 관해서 과학이 사실을 기술할 때 철학이 할 수 있는 일은 없다.

철학의 의무가 세계의 기술이라고 한다면 철학이 다른 영역을 침해하는 것이 된다. 철학은 내부에 어떤 묘사의 대상을 지니지 않는다. 단지 철학은 과학이 그리는 그림의 형식에 대한 학문이다. 그러나 철학이 그림을 그리는 양식 자체를 설명할 수는 없다. 철학이 곧 양식(형식)이기 때문이다. 스스로가 스스로에 대해 기술할 수는 없다. 우리는 세계를 묘사할 뿐이지 우리가 왜 세계를 그렇게 기술하는지에 대해서는 말할 수 없다. 철학은 '어떻게'의 문제이지 '왜'의 문제가 아니다. 이 '어떻게'가 비트겐슈타인이 말하는 논리 형식이다. 이것은 말해질 수 없고what cannot be said 단지 보여질what must be shown 뿐이다. 우리는 논리 형식에 맞는 그림 — 비트겐슈타인이 명제라고 말하는 — 을 그림으로써 올바른 형식으로 세계에 대해 무엇인가를 말하고 있다.

철학은 세계에 대한 우리의 묘사를 이 논리 형식에 맞추기 위한 것이다. 이것 이외에 다른 철학은 없다. '이데아'나 '본유 관념'이나 '윤리적 원칙'이나 '심미적 형식' 등의 멋진 말들은 단지 신기루일 뿐이다. 현대 철학은 이러한 것들을 다루지 않는다. 그것들은 비실증적인 것들이고 따라서 '침묵 속에서 지나쳐야 할 것what should be passed in silence'이기 때문이다. 현대 철학은 단지 논리에 관한 것이다. 다시 말하면 사유에 언어를 맞추는 것이다. 이것이 전부이다.

논 리
형 식

Logical Form

정리하자면 다음과 같다. 현대 철학은 먼저 형이상학을 주제로 하지 않는다. '존재하는 것을 존재하게 하는 제1원리'(아리스토텔레스) 등은 더 이상 철학의 주제가 아니다. 과학이 탐구의 영역을 실증적 대상에 한정시킬 때, 철학도 실증적 대상을 벗어난 범주를 형성하지 않는다. 그러나 철학은 과학이 아니다. 철학은 세계의 형식, 즉 과학의 형식을 정돈한다. 다시 말하면 철학은 과학을 논리적인 것으로 만들고자 한다. 과학은 곧 명제이고 명제는 곧 언어이다. 따라서 분석철학은 언어철학이다. 그러나 여기에서 말하는 형식은 플라톤이나 아리스토텔레스의 형식과는 다르다. 그것은 오히려 칸트의 선험적 감성이나 범주에 가깝다. 형식은 우리를 벗어나 있지 않다. 그것은 우리에게 수렴되어 있다. 하지만 멋대로는 아니다. 그 것 자체가 곧 우리 자신이기 때문이다. 그러므로 분석철학은 우리에게 숙명인 것으로서의 논리에 대한 탐구이며 그 적용 이다.

현대 철학과 칸트의 비판철학은 큰 차이가 있다. 첫 번째 로, 칸트는 인간에게 내재한 것으로서의 범주를 형이상학에까 지 확대한다. 그러나 현대의 분석철학은 그 형식을 물질적인 것으로서의 세계에 한정한다. 두 번째로, 칸트는 경험적 세계 에 관한 한 우리의 선험적transcendental 지식이 가능하다고 말한 다. 다시 말해 칸트는 과학은 보편적이며 필연적인 지식일 수 있다고 주장한다. 이것이 그의 '종합적 선험지식synthetic a priori knowledge'이다. 칸트는 중세에 제2원인the second cause으로 칭해지 고 흄에 의해 인과율causality로 불린 지식을 새롭게 '종합적 선 험지식'이라 명하며 우리의 형식 속에 그것이 존재한다고 말한 다. 그러나 현대 철학은 그러한 것을 인정하지 않는다. 과거,

현재, 미래를 관통하여 모든 것을 해명하는 인과율은 없다. 현재를 바탕으로 미래를 예견할 수는 없다. 물리적 세계는 물론 논리 형식의 지배를 받는다. 세계는 또한 물질적인 것으로서의 그 최초의 출발점들인 대상들objects을 가진다. 이 두 가지가 세계의 기저substance이다. 만약 어떤 명제가 이 기저를 바탕으로 한다면 그 명제는 뜻sense을 가질 수 있다. 그것은 세계의 가능성possibility이다. 그것이 전부이다. 우리의 현재는 이 가능한 세계 중 하나이다. 그중 '우연한' 하나이다. 이 우연성은 현대 예술의 가장 중요한 요소 중 하나가 된다.

세계의 논리logic는 형식의 문제이고 철학의 존재 의의는 형식의 정돈에 있다. 철학은 논리의 이유에 대해 기술하지 않는다. 왜냐하면, 논리는 곧 우리 자신이며 또한 세계이기 때문이다. 우리는 우리 바깥에, 다시 말해 세계 바깥에 있을 수 없다. 철학이 할 수 있는 것은 단지 우리가 비논리적으로 말할 때 그것을 지적해주는 것, 그리고 논리에 맞춰 교정해주는 것, 다시 말하면 우리에게 우리 자신이기를 촉구하는 것이다. 철학은 우리에게 스스로가 되라고 말한다. 이것이 소위 비트겐슈타인이 말하는 '사유의 명료화^{clarification of thought}'이다. 따라서 과목으로서의 철학은 활동으로서의 철학으로 바뀌게 된다. 철학은 먼저, 세계에는 이미 올바르고 정돈된 논리가 존재한다고 가정한다. 세계는 곧 논리이고 나 또한 논리이기 때문이다. 문제는 세계에 대한 기술이 비논리적일 때 발생한다. 우리의 언어는 많은 경우에 우리를 비논리적으로 만든다. 언어는 때때로 기만적이다.

언어철학은 세계에 올바른 언어를 도입하기 위한 것이 아니다. 만약 그렇다면 그것은 새로운 관념론이다. 이상적인 언어라는 새로운 이데아를 설정해야 하기 때문이다. 그러나 올바른 언어는 사유라는 형식으로 이미 우리에게 내재해 있다. 우리는 그것이 왜 우리에게 필연적이 되었는가에 대해 모른다. 우리는 단지 그렇게 생겨 먹었을 뿐이다. 따라서 논리는 칸트적 의미에서의 '선험적'이다. 철학의 임무는 우리의 언어를 이 선험적 형식에 맞추는 것이다. 이것이 현대 철학을 논리에 대한 탐구 이외에 다른 어떤 것도 되지 않게 만든다.

"인간은 본래 거울처럼 맑다. 인간의 오욕과 어리석음이

거기에 불순물을 입혔을 뿐이다. 법은 이것을 닦아내는 것에 관한 것이다."(부처)

사랑은 본래 말해질 수 없는 것이라고 계속 말해온 논리적 배경은 위와 같다. 사랑은 논리 형식의 대상이 아니다. 그 것은 논리의 테두리를 벗어난다. 우리는 새장에 갇혀 있다. 실증성이라는 새장에. 그리고 그 새장은 논리에 물들어 있다. 사랑은 새장을 벗어나 있다. 인간의 언어는 새장 안으로 자기 역할을 한정한다. 따라서 인간의 언어는 사랑에 미치지 못한다. 어떤 논리가 '너의 이웃을 사랑하라.'는 명령에 따르겠는가? 그 이웃은 무차별적인 이웃이 아닌가? 그가 야비한 범죄자라도 그를 사랑해야 한다면 이것이 어떻게 논리적일 수 있는가? 또 비논리적이라면 어떻게 비논리적인가? 우리는 이러한 질문에 답할 수 없다. 결국, 사랑에는 논리가 무의미하다.

2

사랑에
관하여

On Love

비실증성의
존재

Existence of the Non-positivistic

　나는 앞에서 사랑과 관련한 두 가지 사실을 말했다. 첫 번째는 우리가 사랑이라고 말해온 것들이 사실은 사랑이 아니라는 것이다. 두 번째는 어떤 행위나 심적 태도에 의해 사랑의 존재를 추정할 때 그것도 의심스럽다는 것이다.

　두 번째 사실에 대해서는 약간의 논증이 더 필요하다. 먼저 하나의 코미디를 제거하는 것으로 시작하자. 다음과 같은 우스운 논증이 있다. 우리는 바람을 보지 못한다. 그럼에도 바람은 존재하지 않는가. 우리는 전기를 보지 못한다. 그럼에도 전기는 존재하지 않는가. 따라서 비실증성이 그것의 비존재를 의미하는 것은 아니지 않은가. 우리는 바람이 아니라면 발생할 수 없는 물리적 사실에 의해 바람을 추정한다. 전기 역시 그 존재를 확인할 수 없지만, 그것이 존재하지 않는다면 있을 수 없는 현상들에 의해 그 존재를 추정한다. 따라서 사랑 역시도 물리적으로 감지될 수는 없지만, 그것을 기반으로 해야만 발생하는 심적 태도와 행위의 존재에 의해 사랑 역시 그 존재가 확인될 수 있다는 논증이다.

이러한 논증은 애송이 목사들이 신의 존재를 증명하는 데 무수히 이용되어 왔다. 인간은 자기 이익을 포장하기 위해 어리석을 수 있다. 그들에게 유감이지만 고배율 현미경으로는 공기의 움직임도 보이고 원자의 움직임도 보인다. 즉 바람도 보이고 전기도 보인다. 단지 맨눈으로는 보이지 않을 뿐이다.

나는 물론 그 존재를 가정하지 않으면 있을 수 없는 현상에 의해 존재를 추정하는 것이 잘못되었다고 말하고 있지 않다. 확실히 사랑이 아니라면 있을 수 없는 심적 행위와 태도들이 있다. 내가 여기서 말하는 것은 사랑은 바람이나 전기가 안 보이는 이유와는 다른 이유로 안 보인다는 것이다. 바람이나 전기는 맨눈으로 볼 수 없을 뿐이다. 그러나 사랑은 어떻게 해도 보이지 않는다.

신이나 사랑이 안 보이는 것은 바람이나 전기가 안 보이는 것과 전적으로 다르다. 그 두 종류는 성격을 달리한다. 신이나 사랑은 물리적 현상이 아니다. 그것들은 단지 침묵 속에서 지나쳐야 할 것들이다. 여기에서 중요한 것은 침묵의 대상이 존재하지 않는다고 말해질 수는 없다는 사실이다. 침묵 속에서 지나쳐야 할 대상들은 단지 우리가 해명할 수 없다는 사실을 말하는 것이다. 우리는 그것들에 대해 존재하지 않는다고 말할 수도, 존재한다고 말할 수도 없다. 현상에 대한 기술description 이외에 세계에 대해 우리에게 허용된 것은 없다. 현재 사례들의 존립existence과 비존립nonexistence의 합이 세계이다. 신, 윤리, 아름다움, 사랑 등은 사례에 들어가지 않는다. 그것은 '우리의' 세계 속에 있지 않다. 따라서 우리는 사랑에 대해 어떤 말도 할 수 없다. 그것은 '정의될 수 없는' 것이다.

그러나 그럼에도 우리 마음속에는 무엇인가 외로움, 덧없음, 삶의 무의의無意義 등에 대한 불안과 고통이 자리 잡고 있다. 이것들은 무엇인가? 이것들에 대한 어떤 해결책이 있는가? 혹은 이것들을 경감시키기 위한 어떤 수단이 있는가? 신경정신과 의사가 이 고통을 해결해줄 수 있는가? 또한, 우리는 사랑이 아니라면 불가능한 어떤 현상들도 본다. 따라서 우리는 존재해야 하는 것으로서의 사랑, 사랑 이외에는 무엇으로도 해명할 수 없는 어떤 마음과 행위의 경향을 가정해야 한다.

〈죄와 벌〉에서 소녀의 희생, 물거품이 되는 인어 공주의 투신, 행복한 왕자의 자기 해체, 부처와 예수의 자기희생들은 무엇인가? 그것들이 진화생물학이나 동물사회학으로 설명되는 어떤 생물학적 동기의 결과인가? 그럴 수도 있다. 그러나 위의 사례들은 아무리 유능한 진화생물학자들도 해명할 수 없다. 조건 없는 공감을 어떻게 해명하겠는가? 부처는 무상적 보시에 대해 말하고 예수는 조건 없는 사랑에 대해 말한다. 여기에서부터는 과학이 멈춘다. 과학이라는 새장을 벗어난다.

요 청 되 는
사 랑

Demand for Love

사랑에 대해 규정할 수 없다는 사실이 사랑의 무의미에 대해 말하는 것은 아니다. 물론 무의미하기 때문에 규정할 수 없는 것들도 있다. 우리는 좀비에 대해 과학적으로 규정할 수 없다. 그러한 것은 존재하지도 존재할 수도 없는 것, 즉 무의미한 것이기 때문이다. 하지만 신이나 사랑은 그러한 것이 아니다. 그것들은 그 존재가 논증되거나 규명될 수 없다. 그러나 이것은 사랑을 위해 나쁜 것은 아니다.

침묵 속에서 지나쳐야 하는 것들에 대해 우리가 무엇인가를 말할 때, 우리는 그것을 망친다. 오컴이 신을 지상 세계로부터 잘라낸 것은 신이 인간의 언어 속에서 한없이 전락하고 있었기 때문이다. 인간은 철학을 통해 신을 모욕하고 과학을 통해 신의 자리를 차지하려 한다. 오컴은 말한다. "신이 먼저 알고 나중에 모른다는 것은 불가능하다."고. 언어 자체는 문제가 아니다. 언어가 무엇을 전제하고 있고 자신의 영역을 어디까지 차지하려는지가 문제이다. 현상의 기술에 멈추어야 할 인간의 언어가 지성이라는 것을 기반으로 현상이라는 새장을 넘어서서 무엇인가에 대해 말할 때, 없는 내용을 만들기도 하고 침묵해야 하는 대상에 대해 무엇인가를 언급하기도 한다. 그 경우 언어는 대상을 망친다.

지성의 대변자로서의 언어는 신의 속성에 대해 말한다. 거기에는 신의 의지도 포함되어 있다. 신의 구원 기준이 인간의 행위라면 신은 그 인간이 어떤 행위를 할지 모른다는 사실을 의미한다. 전능하다고 가정된 신이 어떻게 그것을 모를 수 있겠는가? 오컴은 신학 — 당시의 철학인 — 을 이렇게 부정한다. 오컴은 또한 "인간이 먼저 모르고 나중에 안다는 것은 불가능하다."고 말할 수도 있었을 것이다. 인간은 신 앞에서 스스로의 전적인 무능성을 고백했다. 이것은 성 아우구스티누스의 '고백'이기도 하다. 그러고는 과학이라는 것을 만들어 과거에서 미래에 이르는 모든 것을 확정 지을 수 있다고 말한다. 무능의 고백과 침묵해야 할 대상에 대한 침묵만이 인간의 도리이다. 이것을 벗어나면 오만이 된다. 오만은 가장 큰 악덕이다. 아나톨 프랑스는 오만의 죄로 수도사 파프니스를 전락시키고 겸허의 미덕을 들어 창녀 타이스를 구원한다.

사랑이라고 믿어지는 것에 대한 우리의 첫 번째 심적 태도는 겸허가 바람직하다. 사랑에 대한 이야기가 나오면 모두가 마치 에스키모의 썰매 개들이 낯선 사람을 보고 한꺼번에 짖듯이 짖어댄다.

"내가 다른 문제에 대해서는 입을 다물 수 있어도 그것에 대해서는 아니지. 나도 남 못지않게 겪었으니까."

모르는 것은 악덕이 아니다. 그러나 모르거나 모를 수밖에 없는 것에 대해 짖어대는 것은 악덕이다. 심적 태도 속에 이미 오만이 자리 잡고 있기 때문이다.

실존적 신앙은 성스러움에 대한 희구 이외에 아무것도 아니다. 거기에서 신을 특정할 수도 없고 신앙에 부수하는 교의를 확정 지을 수도 없고 구원을 전제로 한 행위를 할 수도 없다. 그 신이 어떤 신인지도 모르고 그 신이 무엇을 원하는지도 모르기 때문이다. 우리 마음속에는 단지 이 세계의 물질성을 탈피하여 그것 모두를 가능하게 하는 어떤 성스러움에 대한 희구만이 있다. 그것은 물론 어리석은 것일 수 있다. 그러나 거기에서 누가 현명할 수 있겠는가? 신에게 스스로를 일치시켜 삶의 덧없음에서 구원받고자 하는 희구 가운데 어디에 지적 위계가 있겠는가?

사랑도 마찬가지이다. 우리는 합일되고자 한다. 그때 우리는 삶이 주는 불안과 고통이 경감되고 같이 살아감의 의의도 획득할 수 있을 것 같다. 그러나 사랑 역시 그 대상이 특정되지 않는다. 우리는 '함께함'에 대한 희구와 노력을 할 뿐이다.

사랑은 존재할 수도 존재하지 않을 수도 있다. 그것은 우리에게는 미지의 영역이다. 태곳적부터 미지의 영역이었다.

그러나 우리 내면에는 그것에 대한 요구가 있다. 사랑은 우리에게 요청^{demand}되고 있다.

운명과
우연

Destiny and Contingency

사랑에 대한 거짓과 환상 중 우리가 가장 경계해야 하는 것은 우리는 그것을 배타적인 것으로 규정한다는 사실이다. 우리가 남발하는 사랑은 배타성을 전제한다. 사랑의 대상이 누구나여서는 안 된다. 어떤 특정인이어야 한다.

어떤 여성이 "당신은 나를 사랑해요?"라고 물을 때 나는 이 여성이 무엇을 묻고 있는지 때때로 궁금하다. 먼저 '나를'이라고 할 때의 그 '나'는 실재하는 것인가? '사랑'이라는 것은 실재하는 것인가? 혹은 그녀가 규정하는 것은 사랑이 아닌 다른 어떤 환상이나 단순히 배타적인 확실함과 신실함을 의미하는 것은 아닌가?

봉건 영주는 그들의 제후에게 충실함과 신실함을 맹세한다. 그것은 그 제후에게만 배타적인 충실성을 보인다는 약속이다. 아마 그러할 것이다. 그 둘의 이해관계가 맞으므로. 기사 작위 수여식에서 기사가 그의 영주에게 "저의 어떤 탁월함 때문에, 저와 당신의 어떤 이익 때문에, 저에 대한 당신의 어떤 신뢰나 애정 때문에 저를 당신의 신하로 삼지는 말아주십시오. 단지 군신이 되는 그 자체를 위해 저를 기사로 임명해주십시오."라고 말했다고 하자. 그 기사 수여식은 그 자리에서 취소될 것이고 그 예비 기사는 다른 영주를 찾아가야 할 것이다.

어떤 남성이 사랑은 단지 너와 나의 테두리를 가정하는 것이 아니라는 말을 어떤 여성에게 했다고 하자. 결별은 시간 문제이다. 남자의 무조건적 사랑 속에서 자기만을 특정시킨 어떤 배타성도 발견하지 못했기 때문이다. 어리석게도 여성은 자신의 어떤 차별되는 동기에 의해 자신만이 사랑받기를 원한다. 둘 사이에는 누구도 무엇도 있어서는 안 된다. 또한, 둘을 넘어서는 사랑이 있어서도 안 된다. 둘은 진공 속에서 그들만의 세계를 만들어야 한다. 이러한 배타성이 결국은 사랑을 망친다. 엄밀히 말하면 사랑 이전에 애정조차 망친다. 배타적인 요소들은 변한다. 모든 것이 변하듯이 변한다. 그 자체로 변하지 않는다 해도 남자의 마음속에서나 여자의 마음속에서 변한다. 배타성 안에서는 하이든도 페루지노도 지겨워진다. 하이든의 음악은 여전히 변치 않고, 페루지노의 그림 또한 변치 않지만, 결국은 지겨워진다. 이것이 배타성의 대가이다. 인간은 어리석음과 탐욕 가운데서 자멸한다.

'운명적 만남'은 없다. 세계는 우연이고 만남도 우연이다. 그저 숙명으로 말해지는 우연이 있을 뿐이다. 왜 '운명'이라는 것을 강조할까? 왜 '필연'이라는 것을 강조할까? 인간은 왜 모든 것이 우연이라는 사실을 받아들이지 못할까?

인간은 자신의 전락에 대한 피난처를 예비하고자 한다. 운명은 모든 전락에도 불구하고 자신이 마지막으로 기댈 수 있는 은신처이다. 그와 나의 결합은 운명이다. 그리고 필연이다. 운명은 그와 나의 가치와 행위를 넘어서 있다. 따라서 어떤 조건에서도 우리의 만남은 그 자체로 영속된다. 운명을 고집하는 것은 전락할 권리를 획득하려는 것이다. 운명은 여자들 사이에서의 나와 남자들 사이에서의 그의 배타적 결합을 가능하게 했다. 따라서 계속되는 개인적 전락에도 불구하고 둘의 결합은 영원하다.

세계와 만남을 우연으로 가정해보자. 그렇다면 만남이 없을지 몰라도 만남 사이의 관계는 전략적이지 않다. 우연은 갱신에 의하지 않고는 곧 끊기게 될 인연이기 때문이다. 거기에서 운명은 만남의 원인이 아니라 결과이며, 이미 있는 것이 아니라 아직 없는 것이며, 과거와 현재가 아니라 현재와 미래가 된다. 운명은 기성품이 아니다. 그것은 이제 맞추어 나가야 할 맞춤복이다. 세계를 우연인 것으로 보느냐 필연인 것으로 보느냐 하는 것은 단지 사랑의 문제만은 아니다. 그것은 우리의 세계관을 가르는 두 시각이다.

모든 것이 필연이라면 우리는 거기에 실려 가면 된다. 우리는 얼마든지 안일할 수 있으며 얼마든지 방탕하고 전락할 수 있다. 삶이 어떻다 해도 운명에 따를 뿐이니까. 그러나 모든 것이 우연이라면 우리에겐 최선이 남는다. 지금 이 순간도 우연이고 내일도 우연일 것이다. 우리를 벗어난 어떤 것도 삶의 안정성과 예측 가능함을 보증해주지 않는다. 우연에 처한 인간이 할 수 있는 최선은 순간을 사는 것이다.

키 치 와
사 랑

Kitsch and Love

사랑이라고 말해지는 것 중 가장 추악하고 비극적인 심적 태도에 대해 말하려 한다. 키치Kitsch는 예술에만 관련되지 않는다. 키치는 하나의 작품인 것 이상으로 예술가와 감상자 사이에 공유되는 어떤 심적 태도에 기초하기 때문이다. 키치는 두 가지 특징을 가진다. 하나는 의미를 불러들인다는 것이고 두 번째는 그 위에 숭고함이나 고상함을 쌓는다는 것이다.

현대가 불러들인 통찰 중 가장 중요하고 탁월한 것은 의미를 소멸시킨 것이다. 마르크가 "유럽인의 눈이 세계를 망쳤다."고 말하고 니체가 "신은 죽었다."고 말할 때, 우리는 마찬가지로 인간이 세계와 이념에 부여해왔던 의미는 죽었다고 말할 수 있다. 인간은 의미를 빌미로 마음껏 어리석을 수 있었으며 마음껏 오만할 수 있었다. 플라톤의 이데아가 아마도 의미의 대표적 구현일 것이다. 그때 이래로 의미는 삶의 가치를 평가하는, 또한 삶의 규준을 제시하는 하나의 지침이었다. 수학은 물리적 현상의 의미이며, 윤리와 도덕은 지성을 그 의미로 하며, 히틀러의 의미는 소위 국가 정신이었고, 신앙의 의미는 '스스로 존재하는 자로서의 신'이었다. 그러나 묻고 싶다. 누가 이것을 보았는가? 이러한 의미는 세계 어디에 존재하는가?

현대는 의미를 배제하는 것에서 시작된다. 거기에는 예술이 규준으로 삼아야 하는 (아리스토텔레스의) 자연도 없으며, 도덕이라는 것이 의미라고 말해질 수 없는 것이며, 우리의 어떤 사유와 행위도 일말의 의미 위에 기초하고 있다고는 말할 수 없게 되었다.

만약 우리가 그것이 의미를 기초로 하기 때문에 숭고하거나 아름답거나 고상한 것이라고 말한다면, 그 순간 그것은 키치 — 어떠한 종류의 키치이든 — 가 되고 만다. 키치는 단지 사이비 예술이 아니다. 그것 이상이다. 키치는 부재하는 의미를 작품의 기초로 삼는 예술이다. 키치의 역겨움은 그것이 기만적이라는 데 있다. 키치는 사이비 예술이기 이전에 기만적인 예술이며 오만한 예술이다. 이러한 키치는 단지 예술에만 관련하지 않는다. 그것은 우리 삶 모든 곳에 배어 있다. 키치 아닌 것을 찾기가 더 어렵다. 기만과 오만이 본래의 인간을 덮고 있는 가장 흔한 때이기 때문이다.

많은 희극적인 것들이 (사이비) 사랑을 기초로 엄숙하거나 장엄하거나 감상적으로 연출된다. 보지도 못했고 알지도 못하는 사랑이라는 의미를 먼저 불러들이고 그 위에 어떤 것들을 쌓는다. 누구는 섹스를, 누구는 애정을, 누구는 출산과 양육을, 누구는 결혼 생활의 유지와 자기 자신에 대한 배타적인 애정을. 그리고 이것들에 장엄한 의미를 부여한다. 사랑하는 남녀 사이의 섹스란 얼마나 아름다운 것인가? 사랑이 아니라면 어떻게 우리는 상대편에 대한 배타적 애정을 유지할 수 있겠는가? 아이에 대한 부모의 사랑은 가장 숭고하고 자기희생적인 것이 아닌가? 라는 등의.

그러나 사랑은 하나의 의미로 존재하지 않는다. 그것은 우리에게 스스로를 드러내지 않는다. 그것이 의미라면 사실은 존재하지 않는 어떤 의미이다. 따라서 이 사람들은 공허 위에 무엇인가를 쌓았다. 인간의 어리석음과 기만이 사랑이라고 불리는 것들을 불러들인다. 그리고 다시 그 위에 배타적 이기심과 감상을 쌓아올린다.

이렇게 사용되는 사랑은 역겨운 감상 혹은 위험한 신념을 불러들인다. 여기에는 어떠한 사해동포주의나 공감의 여지도 없다. 어떤 것이 '의미'를 입으면 그것은 세계에서 돌출된다. 자신은 이제 세계와 대립하여 자체로서 번식할 수 있기 때문이다. 스스로를 자양분 삼아. 마치 난자의 핵이 스스로의 영양으로 배아를 증식시키듯이. 이것은 어리석은 시대착오이다. 누가 스크린에서 감히 코를 내밀 수 있는가. 오만하고 어리석은 사람이 아니라면. '의미'는 잔인하다. 종교는 신의 의미를 앞세워 많은 잔인한 일들을 저질렀고, 히틀러는 민족이라는 의미로 대량 학살을 저질렀고, 가족이라는 의미는 삶을 냉혹하고 이기적인 전쟁터로 만들었다.

어디에도 의미가 부여될 수 없는 것처럼 사랑에 대해서도 마찬가지이다. 그것은 의미가 아니다. 실재가 아닌 것이 어떻게 존재를 얻을 수 있겠는가? 예수가 "너의 이웃을 사랑하라." 할 때 거기 어디에 사랑의 의미가 있는가? 예수의 사랑은 스스로를 포함한 무수한 만물이 세계이고 그것에 대한 인식이 사랑이라고 말하고 있지 않은가?

오컴은 하늘에서 땅을 면도날로 베어냈다. 마찬가지로 나는 사랑에서 기타의 조잡하거나 감상적인 심적 태도를 베어낸다. 애정의 배타적 유지, 애정의 확인, 가정의 따스함, 영원할 거라는 약속, 자신의 유전인자에 대한 황홀경 등은 싸구려 애정이나 이익에 숭고함이라는 허울까지 씌운다. 이것이 키치적 사랑이 위험한 이유이다. 그것들은 당사자들을 특별한 사람들이라고 말하며 그 이웃에 장막을 친다. 그것이 해와 별과 따스함과 밝은 구름조차 막을 거라는 사실을 모르는 채.

이러한 키치적 사랑에 젖은 사람들이 가까스로 다가갈 수도 있는 사랑에의 가능성을 말살한다. 이들은 그들의 사랑에 의해 새로운 위계를 불러들인다. 최상위에 그들의 '숭고하고 아름다운' 사랑을 놓는. '숭고한 사랑'은 없다. 숭고함도 없고 사랑도 없다. 있는 것은 세계에 만연한 나쁜.

3

사랑을 위한 사랑

Love For Love's Sake

사 랑 이 란
무 엇 인 가 ?

What is Love?

다시 최초의 질문으로 돌아왔다. 나는 계속해서 이 질문은 물어지지 말았어야 할 것이라고 말했다. 그리고 분석을 통해 그 주장을 논증했다. 사랑은 포착 대상이 아니다. 여기에 어떤 대답을 할 수 있겠는가? 이제 우리는 "사랑이란 무엇인가?"라는 질문이 "하마란 무엇인가?" 혹은 "공감은 무엇인가?" 등의 질문과는 전혀 다르다는 사실을 안다.

사랑은 실증적인 것이 아니다. 그것은 우리의 느낌, 아마도 삶의 의의에 있어서 우리가 느끼는 가장 고귀하고 강렬한 느낌일 것이다. 우리는 존재하지 않을지도 모르는 어떤 것에 강렬한 이끌림을 느낄 때가 있다. 신앙이 그러하다. 우리는 신을 정의할 수 없다. 신의 존재는 전혀 실증적인 것이 아니기 때문이다. 그러나 우리는 현상에 묶인 우리 자신을 어디엔가 합쳐주는 눈에 보이지 않는 성스러움을 갈구한다. 적어도 갈구하는 사람들이 있다. 스스로의 존재 의의에 대한 의문에서 잠시도 벗어날 수 없는 사람들. 이 추구가 우리를 쥐고 흔들게 둔다면 우리는 또다시 고대 그리스의 관념적 이상주의로 돌아가게 된다.

인상주의 회화를 바라본다고 하자. 모네의 〈루앙 대성당〉에서 우리는 성당과 그 성당을 싸고도는 대기로부터 독립한 어떤 주관자를 가정할 수 있는가? 인상주의 회화에는 화가가 없다. 그 역시 배경의 일부이다. 화가는 대상을 정면으로 바라보지 않는다. 그는 배경 속에 녹아들면서 가까스로 무엇인가를 창조했다. 인상주의가 가지는 예술사상의 의의는 처음으로 회화에서 화가를 지웠다는 사실에 있다. 그들은 스스로 세계에서 돌출한 존재가 되지 않음으로써 미적 가치를 획득했다.

문제는 세계 속에 '자아'를 완전히 지우는 것은 불가능하

▲ 모네, [루앙 대성당], 1894년

다는 사실에 있다. 앞에서 말한 바와 같이 인간도 자연계의 일부로서 인간에게 본능으로 장착된 어떤 기제 — 논리라고 말해지는 — 에 의해 완전히 지배받는다면 어떤 문제도 없겠지만, 인간은 이러한 본능에서 때때로 벗어나기 때문이다. 물론이것은 그나마 인간이 스스로를 세계에 속한 것으로서 함몰시킬 때의 얘기이다. 현대 철학은 단지 우리가 세계에 올바르게속할 수 있도록 버려야 할 것은 버리고 혼란스러운 것은 정돈하기 위한 것이다.

사랑은 하나의 심적 경향이다. 세계와 하나가 되는 가운데우주 만물이 모두 인연으로 얽힌 하나가 되고자 하는 심적 경향. 사랑은 없을 수 있다. 그러나 사랑을 구하는 나는 있다. 죽음은 없고 죽어가는 나만 있고, 삶은 없고 살아가는 나만 있듯이. 따라서 사랑은 희구와 열망이지 손에 쥐어지는 어떤 것은아니다. 그리고 이것은 자아를 세계 속에서 소멸시키는 것을전제한다. 무엇인가와 하나가 되려는 열망으로. 소멸은 수양이고 열망은 사랑에의 충동이다. 이 둘을 향한 끊임없는 노력이 아슬아슬하게 사랑의 희끄무레한 가능성을 제시할 뿐이다.

비트겐슈타인은 "나는 나의 세계이다."라고 말하고 부처는 "천상천하 유아독존"이라고 말한다. 이것은 먼저 나란 본래 없다는 사실을 말한다. 자아는 세계 속에 소멸한다. 그러나 그 한 조각으로 소멸하지는 않는다. 나는 세계 전체에 편재한다. 아마 그녀도 그렇게 편재할 것이다. 그리고 만물이 그렇게 편재할 것이다. 세계에서는 어떤 것도 돌출하지 않고 어느 것도 구획되어지지 않는다. 그것은 이를테면 이음매 없는 스크린이다. 말레비치의 '무無'이다.

분석철학이 자아가 소멸하는 논리적 동기를 설명했다면 사랑에 대한 우리의 추구는 거기에서 우리의 삶의 동력은 어떠한 것이 되어야 하는가의 문제를 찾아내는 것이다. 우리는 세계 전체에 편재한다. 그러고는 각각이 어떤 우연에 의해 얽힌다. 따라서 우연은 단지 세계의 한 모습일 뿐이다. 애정은 이 우연 중 어떤 하나의 경우일 뿐이다. 인간이 사랑이라고 말해온 것들이 지닌 가장 큰 모순은 그것을 세계에서 돌출시켜 배타적으로 만들었다는 데에 있다. 그러나 돌출은 없다. 만물은 무수히 얽힌 거미줄 위에서의 아슬아슬한 깜빡임일 뿐이다. 우연히 거기에 자리 잡게 된 깜빡임.

인연은 행복의 근원이기도 하지만 고통의 근원이기도 하다. 그리고 행복과 고통이 그렇게 큰 것도 그렇게 전체적인 것도 아니다. 모든 인연은 먼저 세계를 바탕으로 한다. 행복과 고통 모두 탐욕과 어리석음에서 생긴다. 자신과 그녀는 모두 각각이기 이전에 세계이며 자신들의 애정은 여러 우연 중 하나라는 사실에 대한 무지에서.

'그였기 때문에', '그녀였기 때문에' 등은 없다. 그와 그녀는 얼마든지 다른 그와 다른 그녀가 될 수 있었다. 사랑은 서로가 같은 중생임을 기초로 해야 한다. 그리고 서로가 하나임을 전제해야 한다. 부처는 '멸滅'에 대해 말한다. 이것이 사랑의 형이상학이다. 열기, 독점욕, 환희, 탐욕, 실망, 분노 등은 사랑이 아니다. 그것들은 사랑의 결과조차도 아니다. 그것들은 부족한 인간들이 스스로의 개선의 여지조차 지니지 않을 때 생겨나는 애욕일 뿐이다. 세계에서 '나'를 분리할 때 생겨나는 '고'와 '집'일 뿐이다.

사 랑 의
소 멸

IF Thou Must Love Me

If thou must love me, let it be for nought

Except for love's sake only. Do not say,

"I love her for — her smile — her look — her way

Of speaking gently, — for a trick of thought

That falls in well with mine, and certes brought

A sense of pleasant ease on such a day" —

For these things in themselves, Belovèd, may

Be changed, or change for thee — and love, so wrought,

May be unwrought so. Neither love me for

Thine own dear pity's wiping my cheeks dry:

A creature might forget to weep, who bore

Thy comfort long, and lose thy love thereby!

But love me for love's sake, that evermore

Thou mayst love on, through love's eternity.

- Elizabeth Barrett Browning -

당신이 나를 사랑해야 한다면

당신이 나를 사랑해야 한다면, 다른 무엇도 아닌

오로지 사랑만을 위해서 사랑해주세요.

'그녀의 미소와 그녀의 생김새와 다정한 말투,

이상할 만큼 나와 잘 맞아서,

그리고 확실한 기쁨을 느끼게 해주는 그런 날들이 편안해서 그녀를 사랑해.'라고 말하지 말아 주세요.

사랑하는 이여, 그런 것들은 그 자체로 변할 수 있고,

사랑을 위해 변할 수도 있답니다.

그렇게 생겨난 사랑은 그렇게 사라질 수도 있지요.

내 뺨에 흐르는 눈물을 닦아주는 연민으로도

사랑하지 말아 주세요.

당신의 위로를 오래 받으면 우는 것을 잊게 되고,

우는 것을 잊으면 당신의 사랑 또한 잃게 될 테니까요.

그러니 사랑만을 위해서 날 사랑해주세요.

사랑의 영원성으로 당신이 언제까지나 사랑할 수 있도록.

- 엘리자베스 배럿 브라우닝 -

예술가들의 통찰력은 가끔 가슴을 서늘하게 한다. 이 여류 시인은 '말해질 수 있는 사랑'은 사랑이 아님을 날카롭게 포착하고 있다. 그녀는 성적 환상이나 애정을 사랑과 확고하게 구분 짓고 있다. 물론 이 시는 무조건적인 사랑에 대해 말하고

있다. 무조건의 의미는 무엇인가?

스스로를 세계에 담금으로써 사랑은 사랑 자체를 위한 것이 된다. 조건적 추구는 이를테면 과거 시대의 이념이고 실패한 이념이다. 그것은 진정한 추구가 아니다. "당신이 별나게 아름다워서 당신을 사랑합니다."라고 한다면 이것은 그 여성에 대한 찬사인가? 현명한 여성이라면 자신보다 예쁜 여성이 얼마든지 있을 거라는 사실을 알고, 또한 시간이 곧 자신의 미를 소멸시킬 것이라는 사실도 안다. 젊음과 용모의 아름다움은 얼마나 덧없고 부질없는 것인가.

사랑은 대상을 향하지 않는다. 그것은 사랑 자체를 향한다. 우리는 신이 무엇인지 모르고 아름다움이 무엇인지 모르고 윤리가 무엇인지 모른다. 우리는 단지 신앙을 위한 신앙, 미를 위한 미, 윤리를 위한 윤리를 추구할 뿐이다. 거기에는 이유도 목적도 없다. 단지 그것을 향한 나의 충동만 있을 뿐이다. 사랑도 마찬가지이다. 우리는 사랑이 무엇인지 모른다. 단지 있을지도 모르는 그것에 대한 나의 충동만이 있을 뿐이다.

그것은 대상을 향하지도 목적을 지니지도 않는다. 우리는 단지 사랑하기 때문에 사랑할 뿐이다.

이러한 사랑은 변하지 않는다. 열망과 추구를 위한 추구가 삶의 유일한 지침인데 어떻게 변할 수 있겠는가? 이것이 사랑을 위해서라면 하나의 존재, 하나의 생명으로서의 자기 포기를 가능하게 한다. 사랑을 위한 교의는 순간을 살라고 말한다. 거기에 공간상이나 시간상의 지향점은 없기 때문이다. 그것은 단지 심적 태도이다. 비트겐슈타인은 말한다.

"우리는 죽음을 경험하지 않는다. (…) 만약 우리가 영원을 무한한 시간적 지속이 아니라 시간의 소멸로 간주한다면 영원은 마땅히 순간을 사람들에게 주어져야 한다."

비트겐슈타인은 여기에서 '삶을 위한 삶'의 교의에 대해 말하고 있다. 사랑도 마찬가지이다. 우리가 사랑을 위한 사랑 가운데 산다면 진정한 사랑은 마땅히 사랑에서 사랑의 특정한 대상을 전제하지 말아야 한다. 사랑은 다른 무엇을 위한 것이어서는 안 된다. 그것은 단지 사랑을 위한 것이어야 한다. 우리가 사랑이라고 말해온 모든 것들은 특정한 대상, 특정한 마음을 전제한다. 애정, 결혼, 관심, 배려 등. 그것들 모두 중요하다. 그러나 그것들은 '사랑을 위한 사랑'의 전제 위에서만 가치를 얻는다. 그것들만으로는 사랑이 될 수 없다. 거기에는 목적이나 동기가 있고 시간적 지속이 있다. 그러나 사랑에는 그러한 것들이 없다. 단지 사랑하기 위해 사랑할 때 거기 어디에 목적이나 동기가 있겠는가?

사랑에 관한 이 모든 희망의 가능성은 다행히도 우리가 사랑에 관해 모르기 때문에 생겨난다. 얼마나 다행인가? 그것에 대해 무엇인가를 안다면 우리는 그것을 다시 망쳤을 것이다. 그것은 숭고한 가치를 잃었을 것이다. 우리가 안다고 말할 수 있는 것은 우리의 경험으로 실증되는 것들뿐이다. 그러나 사랑은 경험되는 것이 아니다. 우리는 단지 그것의 경험을 위해 애쓸 수 있을 뿐이다. 우리는 사랑이 무엇인지 영원히 모를 것이다. 단지 내 마음속에 사랑이 아니라면 다른 어떤 것이라고도 말해질 수 없는 어떤 희구가 있다는 사실 외에는.

삶 속에서의 사랑

Love in Living

선택은 중요하지 않다. 중요한 것은 자신의 선택을 뒷받침하는 자신의 의지이다. 잘못된 선택이란 없다. 단지 그 선택을 뒷받침하지 못하는 잘못된 의지만 있을 뿐이다. 만약 사랑이라는 것이 자기 소멸을 전제로 한 것이라면 우리의 관계는 어떻게 되는 것인가?

나와 연인과의 애정은? 아이에 대한 나의 사랑과 보살핌은? 부부간의 애정은? 이러한 것이 소중한 것들이라면 자기 자신을 세계 속에 소멸시킬 이유가 더욱 분명해진다. 우리는 세계를 우리로 느낀다. 우리 역시 세계를 함께 물들여버렸으므로. 세계는 단일하다. 그리고 그 단일자는 거미줄을 가진다. 수없이 복잡하게 얽힌 거미줄. 우리는 그 거미줄 어딘가에 걸쳐 있다. 나의 연인, 나의 아내, 나의 아이 등은 이 수많은 거미줄에 같이 걸쳐졌다. 그것이 나의 선택이거나 결단이라고 믿는 것처럼 어리석은 것은 없다. 선택은 없다. 수없이 많은 우연 가운데 그 우연이 있게 되었다. 우리는 다른 우연 속에서 서로가 맺어질 수 있었다. 그러나 현재는 이러한 인연에 매이고 말았다. 그만큼은 행복과 슬픔, 환희와 만남이 공존하게 된다. 어쩌겠는가? 어떤 우연이 우리를 그렇게 엮고 말았는데.

그 관계에서 최선을 다할 일만 남는다. 말한 것처럼 선택 자체가 우연이었다. 이것은 선택에 대한 책임에 대해 말하는 것이 아니다. 모든 우연에 대해 우연 자체를 살자는 얘기이다. 이것이 사랑을 위한 '사랑이다. 그가 필연적으로 나의 남편일 이유도, 아이가 나의 아이일 이유도 없다. 모든 것이 우연이다. 그렇게 우연히 우리는 해체될 것이다. 따라서 이 관계는 배타적일 수가 없다. 어디에도 운명이나 필연은 없기 때문이다.

창밖을 내다보라. 수없이 많은 영혼이 질주한다. 누군가 당신의 인연이 될 수 있었고 될지도 모른다. 그러니 누가 누구에게 특별한가? 모든 것이 전체를 이룬다. 이것이 먼저이다. 그리고 어떤 인연들이 생겨났다. 그러나 이 인연은 전체에서 돌출한 것이 아니다. 그 인연은 바로 나 자신의 나와의 인연이다. 거기에 타자는 없다. 모든 것이 나이기 때문이다. 누군가가 나의 거미줄에 걸쳐진다면 나는 그가 누구든 내가 할 수 있는 최선을 다해서 보살필 것이다. 그이기 때문이 아니다. 나이기 때문이고, 세계이기 때문이다. 우리 모두는 스스로를 불쌍히 여기지 않는가.

여기에서 사랑의 배타성이 사라진다. 이것이 진정한 의미에서 '사랑을 위한 사랑'이다. 거기에 사랑이라고 믿어지는 것이 먼저 있다. 우리는 그것과 한 몸이 된다. 그리고 다른 어떤 개별자와 어떤 것인가를 공유한다. 우리 모두가 세계에 속한 존재이며 하나인 존재로서. 자기 아내나 자기 남편이 누구보다 낫다고 해서, 자기 아이가 남보다 더 탁월하다고 해서, 혹은 그들이 당신 것이기에 더 사랑받을 이유는 없다. 당신은 누구라도 사랑할 것이다. '사랑을 위한 사랑'을 할 것이다. 그 사람들이 더 특별할 이유도 없고 다른 누가 덜 특별할 이유도 없다. 모든 사람이 세계에 만연하다. 만남은 만남일 뿐이다. 사랑은 당신 마음속에 있는 것이지, 상대방의 사랑받을 특질이나 성취에 있지 않다. 당신은 단지 '사랑하기 때문에 사랑'한다. 그가 다른 특질, 다른 성취를 이루었다 해도 사랑했을 것이고, 또한 다른 사람이 그랬다 해도 그 역시 사랑했을 것이다.

물론 이것은 인간에게 불가능한 것이다. 그러나 사랑은 거기에 있다. 우리는 아마도 이 사랑에 대한 추구 가운데 죽을 것이다. 그래도 사랑을 구하는 나, 사랑의 노력 가운데 죽는 것은 얼마나 좋은 것인가? 획득은 권태 이외에 무엇이겠는가?

Love for Love's Sake